日英外来語の発音

小 林 泰 秀 著

溪水社

はしがき

　外来語は外国語からの借用語であり、日本語の中に溶け込み、言語の一部として使用されているものである。情報化、国際化時代とともに、外来語は私たちの生活に大量に取り入れられている。外来語には、主に中国から入った漢語と西洋から入ったヨーロッパ語があるのであるが、私たちが現在外来語と呼んでいるものはヨーロッパからの借用語であり、その中でも英語が圧倒的に多い。

　英語が取り入れられる動機として、一つには語感の新鮮さがある。レストランでは「ご飯」と言わずに「ライス」と言うのがその一例である。「ご飯」と言うと、茶わん一杯のご飯が連想される。二つには、従来日本になかった新しいものを取り入れる時に用いる語で、「カーテン」'curtain'や「ハイウェイ」'highway'などがあり、この種の語彙が一番多い。また、「タレント」は英語では「才能のある人」を指すが、外来語では「テレビやラジオで活躍する職業的出演者」を指している。このように日英語で意味の違う語も多い。

　原語と外来語の意味の違いを調べるのも興味ある点ではあるが、本書は音韻論の立場から外来語の発音について述べていく。私たちの周りにある外来語は英語が主流であるので、本書では英語からの借用語を主に扱い、他の言語からの借用語は、特に必要な場合以外は引用しない。

　本書のタイトルは『日英外来語の発音』である。私たちが言う外来語は日本語に取り入れられた外国の言葉であるが、英語圏に取り入れられた日本語も彼らにとっては外来語である。本書は一方通行の借用語研究ではなく、日英両言語の間での言語交流によって現れる言語現象を捉えようとするものである。いわば、外来語と外行語の発音研究書である。

本書は第1章と第2章では、外来語辞典に載っている英語からの借用語の発音について述べる。第3章では、逆に、英和辞典に載っている日本語の発音表記について述べる。第3章では、すでに20年以上も前に発行された辞典と最近発行の辞典の発音表記の違いについても言及する。第3章で扱う英和辞典は日本で発行されている辞典なので、第4章では、英語圏で発行の辞典に取り入れられている日本語からの借用語の発音について調べ、両辞典の記述の違いについて述べる。

　第1章と第2章は英語から日本語へ入った借用語の音体系を調べるものであり、第3章と第4章は日本語から英語へ入った借用語、つまり外行語の音体系を調べるものである。日英両言語間での借用語に見られる特徴を記述するのが本書の目的である。本書では、特に、二つの言語が入り混じって新しい借用語を形成する際に現れる言語現象が、両言語をどの程度反映するものであるのか、更には、そこにはどのような言語の普遍性、あるいは一般性が見られるのかに着目したい。借用語の発音が二つの言語の特徴を兼ね備えた中間言語的要素を持っているならば、そこには自ずから両言語の特徴とともに、言語に一般的に見られる現象が現れるはずである。

目　次

はしがき …………………………………………………………… i

第 1 章　外来語の促音

　　1.1　はじめに ……………………………………………… 1
　　1.2　促音とは ……………………………………………… 1
　　1.3　閉鎖音の促音 ………………………………………… 8
　　1.4　摩擦音の促音 ………………………………………… 19
　　1.5　おわりに ……………………………………………… 25

第 2 章　外来語の音体系

　　2.1　はじめに ……………………………………………… 27
　　2.2　外来語の子音 ………………………………………… 27
　　2.3　母音挿入 ……………………………………………… 29
　　　　2.3.1　「イ」の挿入 …………………………………… 31
　　　　2.3.2　「オ」の挿入 …………………………………… 32
　　　　2.3.3　「ウ」の挿入 …………………………………… 33
　　2.4　音声への対応 ………………………………………… 38
　　2.5　スペリングへの対応 ………………………………… 43
　　2.6　外来語のアクセント ………………………………… 46
　　　　2.6.1　長母音と二重母音 …………………………… 47
　　　　2.6.2　撥音 …………………………………………… 51
　　　　2.6.3　促音 …………………………………………… 54
　　　　2.6.4　母音の無声化とアクセント ………………… 56
　　　　2.6.5　複合語のアクセント ………………………… 65
　　　　2.6.6　英語と同一のアクセント …………………… 69
　　　　2.6.7　短縮語のアクセント ………………………… 71
　　2.7　おわりに ……………………………………………… 73

第3章 『研究社新英和大辞典』にある日本語の発音

- 3.1 はじめに ………………………………………………………… 75
- 3.2 音節区分 ………………………………………………………… 76
  - 3.2.1 第5版の音節区分 ………………………………………… 76
  - 3.2.2 第5版と第6版の音節区分 ……………………………… 79
- 3.3 アクセント付与 ………………………………………………… 81
  - 3.3.1 第5版のアクセント付与 ………………………………… 82
  - 3.3.2 第5版と第6版のアクセント付与 ……………………… 92
- 3.4 発音 ……………………………………………………………… 97
  - 3.4.1 アクセントと発音 ………………………………………… 97
  - 3.4.2 米音と英音 ………………………………………………… 102
  - 3.4.3 アクセントのある母音の発音 …………………………… 110
  - 3.4.4 アクセントのない母音の発音 …………………………… 115
- 3.5 おわりに ………………………………………………………… 120
  - 発音記号一覧表 …………………………………………………… 122

第4章 *The Oxford Dictionary of Pronunciation for Current English* にある日本語の発音

- 4.1 はじめに ………………………………………………………… 135
- 4.2 *ODP* の発音記号 ……………………………………………… 136
- 4.3 アクセント付与 ………………………………………………… 141
- 4.4 発音 ……………………………………………………………… 150
  - 4.4.1 嵌入の r …………………………………………………… 150
  - 4.4.2 米音と英音の強勢母音 …………………………………… 152
  - 4.4.3 米音と英音の非強勢母音 ………………………………… 156
  - 4.4.4 <Vr> の発音 ……………………………………………… 160
- 4.5 おわりに ………………………………………………………… 164
  - 発音記号一覧表 …………………………………………………… 166

あとがき ………………………………………………… 175

使用辞典 ………………………………………………… 177
参考文献 ………………………………………………… 177
索　引 …………………………………………………… 179

第1章　外来語の促音

1.1　はじめに

　本章と第2章は、英語が日本語に外来語として取り入れられる際に、どのような原則が働いているかを述べるものである。英語の特質が外来語にどのように反映されているのか、日本語の特質がそのまま外来語に表れているのか、あるいは両言語の接触によって新たな言語規則が現れているのかをみてゆく。

　本章は、外来語への子音挿入、つまり促音化が起りやすい環境とはどのようなものか、挿入し易い子音と、挿入し難い子音とはどのようなものかを述べている。促音化で興味ある問題の一つに、日本語の音体系に適応するために、音素を挿入するが、その際子音挿入と母音挿入はどちらが先かがある。例えば net は外来語として netto と発音されるが、net → nett → netto と子音挿入が先か、net → neto → netto と母音挿入が先かである。二つに、英語の母音と子音が日本語の母音と子音に置きかえられる際に、英語のスペリング重視なのか、英語の発音主体なのかがある。例えば net は「ネット」と発音されるのであるが、それはスペリングによる発音なのか、/nɛt/ という音声によるものなのかである。

1.2　促音とは

　促音は『広辞苑　第5版』(1998) によると、「語中にあって次の音節

の初めの子音と同じ調音の構えで中止的破裂または摩擦をなし、1音節をなすもの。「もっぱら」「さっき」のように「っ」で表わす」である。「語中にある」というのは、日本語は撥音の「ん」以外は語末に母音が来るからである。「次の音節の初めの子音と同じ調音の構えで」というのは、例えば「さっき」であれば、ヘボン式ローマ字ではsak·kiのように二つの音節に分けられ、前部の音節の最後のkと後部の音節の初めのkが同じ子音であるということである。仮名では「っ」と書くが、次の子音と同じ調音をなすので、実際の発音は多様である。促音の後ろの [·] は音節境界を表わす。

更に、『広辞苑』に「中止的破裂または摩擦をなし」とあるのは、促音の「っ」は ip·pon「いっぽん」、kat·te「かって」、sek·kai「せっかい」のように破裂音である場合には、その呼気の流れが一時的に閉鎖される。これを「中止的破裂」と言っている。「っ」は、更に kis·sa「きっさ」、his·su「ひっす」と摩擦音に発音される。「っ」には他に ic·chi「いっち」[it·tɕi]、mit·tsu「みっつ」[mit·tsɯ] の発音がある。[ts] は歯茎破擦音であり、[tɕ] は歯茎硬口蓋破擦音である。破擦音の調音の際も呼気の流れが一時的に閉鎖される。破擦音は破裂音ではないので、『広辞苑』の定義の「中止的破裂」が正確な表現かどうかであるが、「中止的破裂」とは破裂しない閉鎖の状態であると解釈することにする。

『広辞苑』の定義の終わりに、「1音節をなすもの」とあるが、本書では一つのモーラ（拍）とする。従って、「さっき」の「さっ」は2モーラ1音節である。

ここで日本語の歯茎硬口蓋音（alveo-palatal）について、英語との違いについて触れておく。日本語の「ち」は [tɕi] であり、「し」は [ɕi] なのであるが、英語の発音記号になじんでいる者は、[tʃi], [ʃi] と書いてしまう。一方、我々は、英語の church [tʃɜːrtʃ], bush [bʊʃ] を発音する際に、[tɕɜːrtɕ], [bʊɕ] と日本語の [tɕ], [ɕ] に発音してしまうことがある。[ʃ] と [ɕ] は調音の位置が近いので、同一の発音と見なしてしまうのである。[tʃ], [ʃ] は歯茎のすぐ後ろで調音される硬口蓋歯茎音（palato-

2

alveolar) であり、[tɕ], [ɕ] は硬口蓋のすぐ前で調音される歯茎硬口蓋音である。両音の違いはこのような調音の位置に加えて、唇の形がある。[tʃ], [ʃ] は円唇性が伴っているが、[tɕ], [ɕ] は平唇性である。唇を丸めると英語らしく聞こえる。更に [tʃ], [ʃ] は舌尖または舌端が硬口蓋歯茎に接近するのに対し、[tɕ], [ɕ] は舌端が口蓋に向かって持ち上げられる。英語では舌の先を動かすが、日本語では舌の前舌面を動かしている。例えば [da] の発音にしても、英語話者は舌の先を歯茎に触れるが、日本語話者は舌の前部を歯と歯茎に当てている。

　子音が連結しているのは、日本語も英語と同じである。まず日本語の促音形成について述べよう。外来語の促音は子音の挿入による子音重複 (gemination) であるが、日本語の促音の派生は外来語とは違い、母音の削除によるものである。次の単子音と重子音、つまり促音との対語を見てみよう。

（1）単子音と重子音
　　　いたい（遺体）── いったい（一体）
　　　かしゃ（貨車）── かっしゃ（滑車）
　　　こき（古稀）── こっき（国旗）
　　　こちょう（誇張）── こっちょう（骨頂）
　　　せかい（世界）── せっかい（石灰）
　　　せしゅう（世襲）── せっしゅう（接収）
　　　にほん（二本）── にっぽん（日本）

　日本語の促音は、二つの形態素が結合した際に、前の形態素の高母音 (i, u) が削除されたものである。促音の派生過程は日本式ローマ字で書くと次のようになる。[+] は形態素境界である。

（2）促音の派生
　　　iti+tai → ittai「一体」、katu+sya → katsya → kassya「滑車」、

3

koku+ki → kokki「国旗」、kotu+tyoo → kottyoo「骨張」、
niti+pon → nitpon → nippon「日本」

（2）の前部要素の最後の子音は、後部要素の最初の子音に同化して同音になるので、「滑車」、「骨張」は [kaçça], [kottçoo] と発音される。

英語の cup, net, kick を kappu「カップ」、netto「ネット」、kikku「キック」と子音を挿入して促音に発音するのは、英語の CVC 音節を保持して英語らしく聞かせるためであろう。

日本語の音節は基本的には CV であり、英語の音節は CVC である。英語は二つの CVC 音節が連なる場合には子音連結（consonant cluster）が起る。次の（3a）は同じ子音の重複であり、(3b) は二つの異なる子音の連結である。

（3）子音連結
　a. brag gangster, gulf fish, red dog, shameless student, white tie
　b. announcement, doctor, exchange, mister, picnic, subtract

(3a) は二つの語からなる句であるが、ゆっくり話す場合には、前の語の語末と後ろの語の語頭の子音が重なり、重複音に聞こえる。ところが普通のスピードあるいは早口で話すと、通常単子音に発音される。一方、(3b) の語はゆっくり話そうが、早口で話そうが単子音には聞こえない。表層のレベルでも CVC 音節を保っているのである。

英語の CVC の 1 音節語は、日本人には促音に聞こえる。例えば net は [nett] のように促音があるように感じられる。net は外来語として [netto]「ネット」と発音されるが、/net/ に母音を挿入して [neto] と CV-CV 音節で発音したのでは英語らしく聞こえない。/net/ に子音を挿入して /nett/ とし、日本語の音体系に合うように語末に母音を挿入して [netto]、つまり CVC-CV の英語の音節を形成したのである。結果的には CVC 音節に CV 音節を加えたことになる。

Hughes and Trudgill（1979）は、イギリスの容認発音（Received Pronunciation, RP）では batch [bæʔtʃ], six [sɪʔks] のように閉鎖音の前に声門閉鎖音を挿入すると述べている。英語の声門閉鎖音の発音が、外来語を促音に発音する一因であるように思われようが、/CVʔC/ が外来語への入力となっているとは考えられない。促音には閉鎖音以外に「プッシュ」'push'、「スタッフ」'staff' のような摩擦音もあり、容認発音には摩擦音の前に声門閉鎖音を挿入する [pʊʔʃ], [stæʔf] という発音がないからである。

英語の CVC 音節が外来語では CVC·CV になるのは、英語らしい発音にするためだと述べた。しかし、これは英語の音節形態に合わせただけであって、英語話者にとっては CVCCV と CVCV は同じに聞こえる。happy の発音が [hæppi] でも [hæpi] でも英語話者には大差なく聞こえるのと同様に、外来語の「ジャッジ」と「ジャジ」、「チェック」と「チェク」も同じ語として認識される。そうなると、英語の CVC 音節を CVC·CV 音節に変えるのは、英語の発音に近づけるというよりは、英語の音韻体系、つまり音節体系に合わせるためと言えよう。従って、CVC 音節を CVC·CV 音節に発音する過程は、子音挿入が優先か、母音挿入が優先かという問題は決定的ではない。しかし、本書では、規則の順序として、子音挿入を優先させることにする。それは、例えば net に近い発音は、母音挿入の neto よりは子音挿入の nett だからである。

促音化規則は、阻害音を重複するものであり、次のように書ける。Q は促音を表し、V̆ は短母音を表わす。[sonorant] は共鳴性であり、[−sonorant] は阻害性のある音を表わす。

（4）子音挿入
$$\phi \rightarrow Q \;/\; \breve{V}\,[-\text{sonorant}]\_\_\_\_$$

（4）の規則は、短母音＋阻害音の音節では子音を挿入するというものである。これは子音を自律分節的に次の音節に広めるというものであり、

次のように書ける。σは音節を表す。
（５）

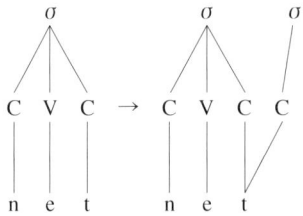

（５）の頭子音（onset）を持つ音節には更に母音が挿入される

（６）

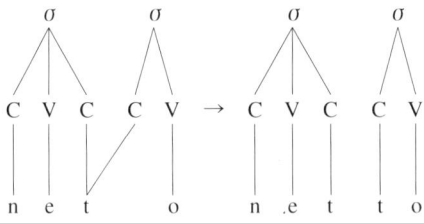

　日本語の促音は無声子音である。従って、bed, bag を betto「ベット」、bakku「バック」と発音する人もいる。しかし、最近では beddo「ベッド」、baggu「バッグ」が多くなり、ほとんどの辞書では「ベッド」、「バッグ」の有声音しか載せていない。この有声子音重複は外来語に特有の発音であって、日本語にはその影響は及んでいない。
　日本語の動詞として「飛ぶ」が現在形であり、「飛んだ」が過去形である。その派生は次のようになる。

（７）動詞の活用変化
　　a. tob-ru → tobu「飛ぶ」

b. tob-ta → tob-da → tod-da → ton-da「飛んだ」

(7b) の「飛んだ」は、日本語に有声促音があるならば「飛っだ」と発音されるべきである。日本語に有声促音がないために、tod が撥音の ton に変化している。これは日本語の音節体系に従ったものである。一方、bed は外来語の音節体系に従い beddo と発音され bendo にはならない。

　促音を形成する子音挿入規則は、英語の CVC 音節に適用されるものであり、常に尾子音 (coda) は阻害音でその前の母音は短母音である。従って、次の (8) の英語には子音の挿入はなされない。

(8) 非子音挿入
　a. 子音重複
　　camp「キャンプ」, change「チェンジ」, ink「インク」, jump「ジャンプ」, pink「ピンク」, sense「センス」, tent「テント」
　b. 長母音、二重母音
　　beach「ビーチ」, bike「バイク」, boat「ボート」, chalk「チョーク」, maid「メイド」, night「ナイト」, out「アウト」, pork「ポーク」, sausage「ソーセージ」, speak「スピーク」
　c. V·CV
　　mo·cha [moʊ·kə]「モカ」, pho·to [foʊ·toʊ]「フォト」

　(8c) の「モカ」と「フォト」は、母音が二重母音であることと、破裂音が頭子音であることから子音挿入がなされない。しかし、二重母音を短母音にした外来語の発音からは、「モッカ」、「フォット」という発音があっても不思議ではない。(8) の語に子音が挿入されないのは、日本語では撥音、長母音、二重母音の後では促音は起らないという原則に従ったものである。「ピューッと矢が飛んできた」とか「ボーッと立っていた」のような擬声語や擬態語には長母音の後でも促音があるが、特殊な現象である。

外来語の導入によって、日本語に新しく促音規則が適用されるようになったが、それは従来の日本語の音節体系に従ったものであって、決して新しいものではない。CVC·CV は日本語にも his·si「必死」、rok·ko「6個」、sip·pu「湿布」のように存在している。英語の CVC を外来語として CVC·CV に変えることに新しさがあるのである。
　(4) に挙げた促音化規則は、阻害音の後ろに同じ阻害音を付加するというものである。同一の子音が連続するのは、(5) の自律分節の図にも表れている。阻害音は、呼気が口腔内において何らかの阻害を受ける音声であり、破裂音、破擦音、摩擦音の三つがある。破裂音と破擦音は、呼気の流れが口腔内で一時的に閉鎖されるものであり、閉鎖のない摩擦音とは [閉鎖性]、あるいは [継続性] の弁別的特徴で区別される。本書では、閉鎖音を [-continuant]（非継続性）、摩擦音を [+continuant]（継続性）で表わす。

1.3　閉鎖音の促音

　英語の語末子音が破裂音と破擦音である場合には、次の規則により子音が挿入される。[+] は形態素境界を表わす。

（9）閉鎖音挿入規則（1）
　　　$\phi \rightarrow Q \ / \ \breve{V} \ [-\text{continuant}] \_\_\_ +$

　規則 (9) は破裂音と破擦音に適用されるのであるが、破裂音の促音化の例を第1にあげよう。ローマ字は日本式を用いている。(　) 内のローマ字は母音を挿入した発音であるが、母音挿入については後で詳しく述べる。本章の外来語は、主として『コンサイス　カタカナ語辞典　第2版』(2002)（以下『カタカナ語辞典』）からのものである。

(10) 語末が無声破裂音の場合

a. 語末が /p/

cap：kyap → kyapp（→ kyappu）「キャップ」
leadership「リーダーシップ」, ketchup「ケチャップ」, map「マップ」, mop「モップ」, scrap「スクラップ」, tip「チップ」

b. 語末が /t/

rocket：roket → rokett（→ rokketto）「ロケット」
bucket「バケット」, jacket「ジャケット」, market「マーケット」, pilot「パイロット」, racket「ラケット」, spirit「スピリット」, trumpet「トランペット」, violet「バイオレット」

c. 語末が /k/

picnic：piknik → piknikk（→ pikunikku）「ピクニック」
attack「アタック」, back「バック」, black「ブラック」, hammock「ハンモック」, hysteric「ヒステリック」, technic「テクニック」

/t/ で終わる語には bucket「バケツ」、jacket「ジャケツ」、spirit「スピリツ」のように、促音化せずに「ツ」に発音されるものもあるが、古い発音であり、「バケツ」と「バケット」のように意味の違うものもある。

有声子音の重複は、英語では hot dog, Arab buyer, big garage のような二つの語の子音連続に聞かれるが、前にも述べたが、日本語には元来存在しなかった。従って、古くは pyramid, god は「ピラミット」、「ゴット」と発音されていたと思われる。非常に古い辞典である『大言海』(1932) でも有声音で記載されているが、当時、多くの人は実際には無声音に発音していたであろう。

英語の語尾が有声破裂音の外来語を見てみよう。星印 [*] は正しくない発音を表わす。

(11) 語末が有声破裂音の場合

a. 語末が /b/

cab：kyab（→ kyabu, *kyabbu）「キャブ」

9

Arab「アラブ」, club「クラブ」, jab「ジャブ」, knob「ノブ」, mob「モブ」, prefab「プレハブ」, pub「パブ」, rib「リブ」、snob「スノッブ」
  b. 語末が /d/
  pyramid : piramid → piramidd (→ miramiddo)「ピラミッド」
  bed「ベッド」, god「ゴッド」, head「ヘッド」, kid「キッド」, liquid「リキッド」, red「レッド」, spread「スプレッド」, vivid「ビビッド」, wood「ウッド」
  c. 語末が /g/
  drug : drag → dragg (→ doraggu)「ドラッグ」
  bulldog「ブルドッグ」, egg「エッグ」, flag「フラッグ」, handbag「ハンドバッグ」, smog「スモッグ」, tea bag「ティーバッグ」

(11a) に見られるように、/b/ の促音の例は少ない。これから新しく導入される外来語にも、/b/ の促音はないであろう。一方、語末が /d/ と /g/ の場合は、通常促音になる。最近の辞書には、bed「ベット」、bag「バック」といった無声子音の促音は載っていない。

語末が破擦音の場合も、破裂音と同様に子音重複が起る。

(12) 語末が破擦音の場合
  a. 語末が /tʃ/
  catch : kyach → kyacch (→ kyacchi)「キャッチ」
  crutch「クラッチ」, match「マッチ」, rich「リッチ」, sandwich「サンドイッチ」, scratch「スクラッチ」, touch「タッチ」, watch「ウォッチ」
  b. 語末が /dʒ/
  judge : jaj → jajj (→ jajji)「ジャッジ」
  bridge「ブリッジ」, cartridge「カートリッジ」, college「カレッジ」, lodge「ロッジ」, village「ビレッジ」

語末の /tʃ/ と /dʒ/ は、次に母音がないのでヘボン式の ch と j で表記することにする。母音の挿入した外来語は、日本式に kyatti, zyazzi と表記できるが、英語が破擦音であるのを表わすには、ヘボン式の ch と j のほうが便利である。

　語末の閉鎖音の促音をみてきたが、/ps/, /ts/, ks/ が語末である英語にも促音化が起る。次の閉鎖音挿入規則（2）に s を加えた規則と適用される外来語は次のものである。(9) の規則では語末の境界が形態素であったが、次の規則では語境界 [#] である。このことについては後で述べる。

(13) 閉鎖音挿入規則（2）
　　　φ　→　Q　/　V̆ [− continuant] ___ s #

(14) 語末が /Cs/
　　　box boks → bokks（→ bokkusu）「ボックス」
　　　cats「キャッツ」, electronics「エレクトロニックス」, let's「レッツ」, paradox「パラドックス」, potato chips「ポテト・チップス」, slacks「スラックス」

(13) の規則は語末の子音に適用されるものであり、次の語のように /ks/ の後ろに他の形態素がある場合には子音の挿入はない。

(15) /ks/＋形態素
　　　box+ing : boks+ing（→ bokusingu）「ボクシング」
　　　　　　　↘ *bokks+ing（→ bokkusingu）「ボックシング」
　　　box+er「ボクサー」, ex+change「エクスチェンジ」, ex+cite「エキサイト」, mix+er「ミキサー」, mix+ing「ミキシング」, mix+ture「ミクスチュア」, sex+y「セクシー」

11

(13)の規則は、語末の子音に適用されるものであり、二つの語が結合する複合語にも次のように適用される。

(16) /Cs/# 語
　　box#office：boks#ofis → bokks#ofis (→ bokkusu ofisu)
　　　　　　「ボックス・オフィス」
　　box camera「ボックス・カメラ」, cat's eye「キャッツ・アイ」, mixed yarn「ミックス・ヤーン」, taxpayer「タックスペイヤー」, wax cloth「ワックス・クロス」

mixed yarn の -ed は、外来語として日本語に導入された際に削除されている。Maxwell は1語にもかかわらず「マックスウェル」と促音に発音されるので、Max と well の複合語と見なしているのであろう。/ks/が重子音になるのは、語末か後続する形態素が自由形態素、つまり語でなければならない。
　閉鎖音に拘束形態素が付加しても、次のように重子音になる。

(17) 閉鎖音＋拘束形態素
　a. -ing の付加
　　bat+ting：bat+ing → batting (→ battingu)「バッティング」
　　cooking「クッキング」, docking「ドッキング」, developing「デベロッピング」, heading「ヘッディング」(「ヘディング」もあり), knitting「ニッティング」, pitching「ピッチング」, shocking「ショッキング」, shopping「ショッピング」
　b. -er の付加
　　clipper：krip+aa → krippaa (→ kurippaa)「クリッパー」
　　baby sitter「ベビー・シッター」, batter「バッター」, catcher「キャッチャー」, cutter「カッター」, developer「デベロッパー」, flapper「フラッパー」, zipper「ジッパー」, shutter「シャッター」,

slugger「スラッガー」, stopper「ストッパー」, upper「アッパー」
c. その他の接尾辞の付加
attachment「アタッチメント」, capless「キャップレス」, fitness「フィットネス」, development「デベロップメント」
d. jogging「ジョギング」, jogger「ジョガー」

(17a) の heading には促音の「ヘッディング」と非促音の「ヘディング」があるが、最近の辞書では有声子音の促音は消えつつある。(17d) の Jogging を有声重子音で「ジョッギング」と発音するのは、今ではまれであろう。同様に、jogger を「ジョッガー」とする発音も、消えつつある。(17a) の例外として market+ing「マーケティング」がある。marketing を一つの語として見ているのであろう。その場合、閉鎖音 /t/ は尾子音ではなく、mar·ke·ting のように音節頭子音とみなされる。

閉鎖音の次に自由形態素が続く複合語では、閉鎖音は重子音になる。自由形態素は語でもあるので、語境界を付して次のように表わされる。

(18) 閉鎖音 # 自由形態素

touchdown : tach#daun → tacch#daun (→ tacchidaun)「タッチ・ダウン」
blacklist「ブラック・リスト」, bloodstone「ブラッド・ストーン」, football「フット・ボール」, judge paper「ジャッジ・ペーパー」, knockout「ノック・アウト」, midnight「ミッド・ナイト」, nickname「ニック・ネーム」, patchwork「パッチ・ワーク」, picnic lunch「ピクニック・ランチ」, platform「プラット・ホーム」, tag match「タッグ・マッチ」

次の規則は、閉鎖音の次に語末の子音共鳴音が続く場合に促音化が起るものである。

(19) 閉鎖音挿入規則（3）

$$\phi \rightarrow Q \ / \ \breve{V} \ [-\text{continuant}]\underline{\quad\quad} \begin{bmatrix} +\text{consonantal} \\ +\text{sonorant} \end{bmatrix} +$$

　外来語への入力は、原則的に英語の音声表示である。規則（19）は英語の音素への適用ではなく音声へのものである。例えば, apple, happen の外来語としての基底表示は, /æpl/, /hæpn/ であって, /æpəl/, /hæpən/ ではない。規則（19）への適用語を見て見よう。

(20) 閉鎖音 - 子音共鳴音
　a. 閉鎖音 -/l/
　　apple : ap-l → app-l（→ appuru）「アップル」
　　couple「カップル」, juggle「ジャッグル」, knuckle「ナックル」,
　　tackle「タックル」
　b. 閉鎖音 -/n/
　　happen : hap-n → happ-n（→ happun）「ハップン」
　　cotton「コットン」, kitchen「キッチン」
　c. 閉鎖音 -/r/
　　litre : rit-r → ritt-r（→ rittoru）「リットル」

　(19) の規則が適用されないものに /tl, dl/ がある。

(21) battle「バトル」, bottle「ボトル」, huddle「ハドル」, little「リトル」,
　　middle「ミドル」, paddle「パドル」

　/tl/ と /dl/ に子音重複が起らないのは、それを一つのかたまりとして見なすためである。従って battle[bætl̩], middle[mɪdl̩] の外来語としての音節区分は ba·tl, mi·dl となる。/tl/ と /dl/ は母音が挿入され、toru「トル」, doru「ドル」と発音される。
　(19) は閉鎖音 + 共鳴子音が語末にある規則であり、語中にある場合

には patron「パトロン」、patrol「パトロール」、pickles「ピクルス」のように促音にならない。「ピクルス」は英語の発音からは /pik-l-z/ が外来語への入力となるべきであるが、通常複数形で用いられるため /pikls/ が入力となっている。

happen は閉鎖音 - 鼻音の連続音であるため、閉鎖音重複が起っているが、同じ語でありながら閉鎖音 -VN# の語には規則（19）が適用されない。閉鎖音が次の VN の頭子音になる。

(22) 閉鎖音 -VN
　　 baton : ba·ton → baton「バトン」
　　 atom「アトム」, bottom「ボトム」, chicken「チキン」,
　　 Japan「ジャパン」, mutton「マトン」

cotton「コットン」が重子音であり、mutton「マトン」が単子音であるのは、外来語への入力の違いにある。もちろん「コットン」は古い発音であり、「マトン」は新しい発音であるのだが、「コットン」は /kot·n/ が入力であり、「マトン」は /ma·ton/ である。(22) の「チキン」も入力は /ti·kin/ であり、/tik·in/ ではない。/tik·in/ であれば「チッキン」と発音される。促音は尾子音と頭子音の連続音であるので、促音化は /CVC/ の入力にしか起らない。尾子音は日本語では一つのモーラと見なされている。

(22) の語のように閉鎖音の次に母音がある場合には、閉鎖音と母音の間に形態素境界がないかぎり促音にはならない。次の例も語中の母音間の閉鎖音が促音化しないものである。

(23) 母音間の閉鎖音
　　 a. 閉鎖音 -er
　　　 butter : ba·taa → bataa「バター」
　　　 better「ベター」, letter「レター」, pattern「パターン」, return

15

「リターン」, supper「サパー」
  b. 閉鎖音 -y
    body : bo·dii → bodii「ボディー」
    charity「チャリティー」, city「シティー」, copy「コピー」, kitty「キティー」, puppy「パピー」
  c. 閉鎖音 -V…
    apppeal : a·piir → apiiru「アピール」(「アッピール」もあり)
    appetizer「アペタイザー」, appoint「アポイント」, attest「アテスト」, chapel「チャペル」, hotel「ホテル」,

(23a)への例外として pepper「ペッパー」がある。これは古い発音である。新しい語の peppermint「ペパーミント」には促音化が起こっていない。古い辞典である『大言海』(1932) には、supper「サッパー」というのがある。もし support が載っていたら「サッポート」とかかれているだろう。(23b) の例外として happy「ハッピー」がある。これも古い発音であり、<VCCV> のスペリングの促音化である。letter を「レッテル」と発音するのは、オランダ語からの借用である。

　(23c) の appeal に二つの発音があるが、促音の方が古いのは言うまでもない。ＮＨＫ編『日本語発音アクセント辞典』(1995)(以下『アクセント辞典』)には「アピール」しか載っていない。(23c) の chapel「チャペル」の入力が tya·pel なのは外来語の発音から分る。tyap·l であれば「チャップル」と発音されることになる。英語のスペリング <pel> が「ペル」と発音されている。ところが、nickel「ニッケル」、baccal「バッカル」は母音間の閉鎖音が促音化している。/k/ は他の閉鎖音に比べて促音に発音されることが多い。次にその例を見ていこう。/k/ の促音化規則は次のようになる。

(24) 閉鎖音挿入規則（4）
    $\phi \rightarrow Q / \tilde{V} k \_\_\_ V$

/k/ が語末であれば当然促音になるのであるが、(24) の規則は語中の /k/ が促音化するというものである。(24) の適用される語を見てみよう。

(25) /k/ の促音化
　a. /k/-V
　　Dacca「ダッカ」, Decca「デッカ」, hockey「ホッケー」, Mickey「ミッキー」
　b. /k/-er
　　lacquer「ラッカー」, soccer「サッカー」
　c. /k/-Vl
　　buccal「バッカル」, nickel「ニッケル」
　d. /k/-V…
　　bacchant「バッカント」, hickory「ヒッコリー」, McKinley「マッキンリー」, saccharin「サッカリン」

　/k/ を促音で発音するか単音で発音するかは、英語のスペリングが多いに関係している。(25) の /kk/ はそのスペリングが <cc>, <ck>, <cq>, <cch> である。英語の /k/ が促音化しない語も次に見てみよう。< > はスペリングを表わす書記素 (grapheme)、あるいは文字素であり、/ / は英語の音素を表わしている。

(26) /k/ の非促音化
　a. <c>, <ch>, <q>
　　document「ドキュメント」, echo「エコー」, equal「イコール」, record「レコード」
　b. /ks/
　　accent「アクセント」, access「アクセス」
　c. /kC/

17

action「アクション」, bacteria「バクテリア」, cocktail「カクテル」, pickles「ピクルス」, secretary「セクレタリー」, technician「テクニシャン」

(26a) は /k/ のスペリングが <cc>, <ck>, <cq>, <cch> 以外のものである。(26b) は <cc> が /ks/ に発音されるものである。(26c) は /k/ の次にＣＶ音節の続いているものである。(26b) と (26c) は /k/ の次にＣＶ音節が続いているという点で、同じ環境のものである。

　固有名詞は、英語の音節が /CV·CV/ であっても、例外的に子音重複が起っている。しかし、次の (27b) のように、後ろの音節の頭子音が有声音の場合には子音重複は起らない。

(27) 固有名詞
　a. Chaplin「チャップリン」, Rockfeller「ロックフェラー」, Thatcher「サッチャー」
　b. Macbeth「マクベス」, MacDonald「マクドナルド」

　母音間の閉鎖音が促音になる例として /k/ を挙げ、例外として happy と pepper があると述べたが、これらは古い形であり、英語の <pp> のスペリングをそのまま促音に発音したものである。一方、<tt> のスペリングの語には、促音に発音されるものが次のようにある。これらは必ずしも古い外来語ではない。

(28) <tt> の促音化
　　battery「バッテリー」, mitten「ミッテン」, motto「モットー」, otter「オッター」, ottoman「オットマン」

　外来語への入力は、基本的には英語の音声であるのだが、/kk/ にしても /tt/ にしても、正書法が大いに関与しているのである。

1.4 摩擦音の促音

促音は阻害音にのみ起こる現象であり、破裂音、破擦音、摩擦音がその対象となる。破裂音と破擦音の促音には無声音と有声音の両方が見られたが、摩擦音の促音は無声音のみである。摩擦音には歯茎摩擦音と硬口蓋摩擦音があるが、まず歯茎摩擦音の促音を見てみよう。

(29)　摩擦音挿入規則（1）
　　　 $\phi \rightarrow Q / \breve{V}s \underline{\quad\quad} [+\text{sonorant}]_1^2 (C) \#$

(29) の規則の [sonorant] は、母音もしくは子音の共鳴音である。小文字の $[^2_1]$ は、/s/ の次に共鳴音が最低一つ、最高二つあることを意味する。従って、共鳴音が二つ続く場合には、母音の次に /l/ か /n/ のいずれかがある。(　) 内の語末の阻害子音は任意である。再三述べるが、促音形成の子音挿入規則は、基本的には英語の音声に対して適用されるものである。

(29) の規則は、/s/ の次には共鳴音がなければならないので、次のように /s/ が語末に来る語には適用されない。

(30)　/s/ が語末
　　　address「アドレス」, bass「（ブラック）バス」, dress「ドレス」, kiss「キス」（「キッス」もあり）, pass「パス」, process「プロセス」

kiss を「キッス」と発音するのは古い発音のなごりである。kiss curl「キス・カール」, kiss candy「キス・キャンディー」が「キッス」と発音されることはない。『大言海』では、address は「アドレッス」である。
　/s/ の次に母音が来る場合には子音重複が起る。英語の /sɪ/ は外来語には /si/ と入力され、「シ」と硬口蓋音に発音される。

19

(31) /s/-V
　　a. compressor「コンプレッサー」, dresser「ドレッサー」, essay「エッセイ」, professor「プロフェッサー」, Russell「ラッセル」
　　b. /s/-V- 共鳴音 -（子音）
　　　dressing : dresing → dressing (→ doresshingu)「ドレッシング」
　　　crossing「クロッシング」, essence「エッセンス」, message「メッセージ」, passing「パッシング」, passive「パッシブ」
　　　croissant＜仏語＞「クロワッサン」, dessin＜仏語＞「デッサン」

(29)の規則は語に適用されるので、dress-er のように拘束形態素が付加した語にも適用できる。/s/ の直後に共鳴子音が来る語にも、(29)の規則は適用される。

(32) /s/- 共鳴子音
　　hustle　has-l → hass-l (→ hassuru)「ハッスル」
　　castle「キャッスル」, lesson「レッスン」, listen「リッスン」, whistle「ホイッスル」

　(29)の摩擦音挿入規則が適用されない語は次のようである。

(33) 歯茎摩擦音の非促音化
　　a. assignment「アサイメント」, assistant「アシスタント」, association「アソシエーション」, fascism「ファシズム」, fascist「ファシスト」, pessimism「ペシミズム」, pessimist「ペシミスト」
　　b. aspirin「アスピリン」, crossfire「クロスファイア」, escape「エスケイプ」, pastel「パステル」, passport「パスポート」, question「クエスチョン」, suggestion「サゼスチョン」
　　c. aside「アサイド」, glycerin「グリセリン」, jealousy,「ジェラシー」officer「オフィサー」, reception「レセプション」

d. buzzer「バザー」, jazz「ジャズ」, puzzle「パズル」

(33a) は /s/ の後ろの分節素が (29) の規則に適っておらず、(33b) は /s/ の後ろが阻害音であり、(33d) は有声摩擦音である。(33a) の fascism と fascist は、英語の発音は [fæʃɪzm]、[fæʃɪst] であって [s] ではない。しかし、外来語への基底表示は /fæsɪzm/, /fæsɪst/ であるとする。理由はその基底形が /ʃ/ であれば、促音に発音されるはずだからである。
　イタリア語であるが、fascio は「ファッショ」と促音に発音される。これは原語が促音に発音されるからであろうが、<VscV> のスペリングは促音になりやすい。『カタカナ語辞典』には「ファシネーション」の代替発音として「ファッシネーション」も載っている。我々は何気なく fascist, fascism を「ファッシスト」、「ファッシズム」と発音してしまう。同じように、古くは <VstV> の question, suggestion を「クエッション」、「サゼッション」とも発音していたが、今では英語の /stʃ/ に近い「クエスチョン」、「サゼスチョン」である。『外来語の語源』(1990) には「サジェッション」「サゼッション」が古い発音として載っている。
　(33c) の語が促音に発せられないのは、英語のスペリングが <s>, <c> だからである。促音に発音されるのは <ss>, <st> のように二つの文字でなければならない。破裂音は、hat, dog の尾子音が 1 文字でも「ハット」、「ドッグ」と促音になれるのとは異なるところである。
　次に硬口蓋摩擦音の促音を見てみよう。英語の /ʃ/ が外来語への入力となっている。第 1 章でも述べたが、英語の /ʃ/ が硬口蓋歯茎摩擦音であるのに対して、日本語は歯茎硬口蓋摩擦音 /ɕ/ である。硬口蓋摩擦音の促音規則は次のようになる。

(34) 摩擦音挿入規則 (2)
　　　φ　→　Q　/　V̆ʃ＿＿＿

(34) の規則は、/ʃ/ の前の母音が短母音であれば、促音化するという非

常に単純なものである。/s/ と /ʃ/ は似たような摩擦音であるが、促音化という面では /ʃ/ の方が適用範囲が広くなる。(34) の規則は次の語に適用される。

(35) 硬口蓋摩擦音の促音化
  a. /ʃ/ が語末
    British「ブリティッシュ」, cash「キャッシュ」, crash「クラッシュ」, dash「ダッシュ」, dish「ディッシュ」, finish「フィニッシュ」, flash「フラッシュ」, publish「パブリッシュ」, rush「ラッシュ」, wash「ウオッシュ」
  b. /ʃ/-V
    crusher「クラッシャー」, cushion「クッション」, discussion「ディスカッション」, fashion「ファッション」, fashionable「ファッショナブル」, mission「ミッション」, passion「パッション」, permission「パーミッション」, professional「プロフェッショナル」, smashing「スマッシング」, tissue「ティッシュ」, washer「ワッシャー」
  c. /ʃ/-C
    cashless「キャッシュレス」, mashed potato「マッシュト・ポテト」, mushroom「マッシュルーム」, punishment「パニッシュメント」, refreshment「レフレッシュメント」, washteria「ウオッシュテリア」

(35a) は /ʃ/ が語尾であり、(35b) は /ʃ/ が母音の前にあり、(35c) は /ʃ/ が子音の前にある。marshmallow は、外来語では「マシュマロ」と「マ」が短母音に発音されるが、英語では [mɑrʃmɛloʊ] であるので促音にはならない。「マーシュマロー」が英語に近い発音なのだが、モーラ数が多くなるので短くしたのであろう。

  他の促音と同じく、/ʃ/ も英語のスペリングが大いに関与している。次の語は硬口蓋摩擦音に発音されているが、決して促音にはなれない。

(36) 硬口蓋摩擦音の非促音化
   a. measure「メジャー」, vision「ビジョン」
   b. mansion「マンション」, tension「テンション」
   c. edition「エディション」, machine「マシーン」, musician「ミュージシャン」, official「オフィシャル」, politician「ポリティシャン」, position「ポジション」, technician「テクニシャン」

(36a) は硬口蓋摩擦音が有声音であり、(36b) は硬口蓋摩擦音の前が子音であるので、非促音化の説明がつく。一方、(36c) は (34) の摩擦音挿入規則に抵触していない。スペリングを見てみよう。促音になる硬口蓋摩擦音は、英語のスペリングが <sh> と <ss> であって、(36) の <s>, <c>, <ch>, <t> のスペリングは促音には発音されていない。しかし、我々は常に英語のスペリングを頭に描いて外来語を発音しているだろうか。(36c) の語を促音に発音する人に出会うことがあってもおかしくはない。

最後に唇歯摩擦音 /f/ の促音を見てみよう。促音に発音されるのは <ff> とギリシャ語⇒ラテン語にその語源を持つ <pph> である。唇歯摩擦音の挿入規則は次のようになる。

(37) 摩擦音挿入規則（3）
$$\phi \rightarrow Q \;/\; \breve{V}f \underline{\hspace{1cm}} [+\text{sonorant}]_0^2 \#$$

/f/ の促音化規則は、これまでの促音に比べて例外が多いのであるが、一般的な規則としては (37) の子音挿入規則ということになろう。(37) の規則は、/f/ の後ろに共鳴音がゼロから二つまである場合には、/f/ を挿入するというものである。次の語は /f/ が語末にあるので、(37) の規則が適用されるのであるが、(38a) のように適用されない語も多い。

(38) /f/ が語末

   a. buff「バフ」, off「オフ」, puff「パフ」, sheriff「シェリフ」
   b. baff「バッフ」, staff「スタッフ」, stuff「スタッフ」

(38)の例をみると、これから将来、語末の位置での促音化が消えていくように思われる。(37)の /f/ 挿入規則が適用される語を見てみよう。

(39) 唇歯摩擦音の促音化
  a. /f/-[sonorant]
    baffle「バッフル」, duffel「ダッフル」, shuffle「シャッフル」, waffle「ワッフル」
  b. /f/-V-[sonorant]
    buffer「バッファー」, baffy「バッフィー」, buffing「バッフィング」, offer「オファー」(「オッファー」もあり), Sappho「サッフォー」, sniffer「スニッファー」, stuffer「スタッファー」, taffy「タッフィー」, Eiffel（仏語）「エッフェル」

『カタカナ語辞典』は「オファー」を主な発音としている。これだけがなぜ促音にならないのか説明が付かない。同辞典に「バッフィング」'buffing' がある。外来語への入力が英語の発音の /bʌfɪŋ/ であれば(37)の規則が適用される。しかし、外来語の発音からは /bʌfɪŋg/ と考えられる。そうすると規則(37)は適用されない。英語の <ng> は発音入力が /ŋ/ であり、そのスペリングが「ング」ということになる。

  (37)の /f/ 挿入規則が適用されない語を見てみよう。

(40) 唇歯摩擦音の非促音化
  a. cuffs「カフス」, offside「オフサイド」
  b. ruffler「ラフラー」, sapphire「サファイアー」
  c. effect「エフェクト」, offense「オフェンス」, office「オフィス」, official「オフィシャル」, sapphism「サフィズム」

d. graph「グラフ」, photography「フォトグラフィ」, photographer「フォトグラファー」, rough「ラフ」, refine「リファイン」, reform「リフォーム」, tough「タフ」, tuft「タフト」

(40a) は /f/ の後ろに阻害音があり、(40b) の ruffler /rʌflər/, sapphire /sæfaɪər/ は /f/ の後ろに三つの共鳴音があり、(40c) は /f/ の後ろに /VC/ が続いている。(40a) の例外として、puffed rice「パッフト・ライス」, staffage「スタッファージュ」, stuffed「スタッフド」がある。これは <ff> のスペリングを重子音に発音したものである。(49d) の語は、英語のスペリングが <f>, <gh>, <ph> であり、挿入規則に適っていても促音には発音されない。

　以上、促音化について述べてきたが、阻害音の中でも促音になる優先順位は、破裂音 ─ 破擦音 ─ 摩擦音（歯擦音）─ 摩擦音（非歯擦音）となろう。元来、日本語の促音は無声音であるが、破裂音と破擦音には有声促音も見られる。これは呼気の流れの閉鎖によって重子音が作りやすいことにある。本章で見てきたように、促音化されやすい子音があり、それと同時に促音化されやすい音韻的環境があるのである。

1.5　おわりに

　外来語の促音挿入規則を英語の音声表記を入力として考えるのが本書の主旨である。しかし、英語の発音では推し量れない面もあり、古い時代からの正書法という視覚的な要素が促音を発音する要因にもなっている。現在ではどちらかというと、促音は少なくなる傾向にあり、英語の単音に近くなりつつある。しかし、一方では外来語らしさを表わすために促音は重要であり、一向になくなる気配はない。外来語を聞いても英語話者が理解できないのは、促音があるからではなく、母音挿入とか、アクセントの違いとか、音の置き換えなど、他の音韻的要因が関与しているからである。これらの外来語の特徴については第2章で述べる。

第2章　外来語の音体系

2.1　はじめに

　本章では、まず第1に、外来語の発音と日本語の発音の違いについて述べよう。building と fight を和語のカナ文字で発音すると「ビルヂング」、「ファイト」になるが、外来語の発音は「ビルディング」、「ファイト」である。第2に、外来語への母音挿入の自然性について述べよう。garage, belt には gareeji［ガレージ］, beruto「ベルト」と三種類の母音が加えられている。第3に、外来語の発音は、英語の発音が入力なのか、英語のスペリングが入力なのかについて述べよう。

　本章の最後に、外来語のアクセントと英語のアクセントの違いを、日本語のアクセントと比較しながら述べよう。外来語のアクセント規則はどのような音韻構造に適用されるのか、英語のアクセントが外来語にどの程度影響を与えているのかという問題がある。本章では、日英両言語間の相違点、共通点も注目しながら議論を進めて行く。

2.2　外来語の子音

　外来語の導入によって、日本語の音体系がくずれている。タ行音は日本式ローマ字では ta ti tu te to と書くが、ヘボン式ローマ字では ta chi tsu te to とより実際の発音に近い表記になっている。t が次に i が来ると ch に発音され、次に u が来ると ts に発音されるのが日本語の規則で

ある。しかし、より原語に近い発音にするために、外来語には上記の日本語の音韻規則が適用されない場合がある。次の（1）は外来語にのみ見られる発音である。なおカナ文字は、『コンサイスカタカナ語辞典第2版』（以下、『カタカナ語辞典』）(2002)からのものである。

(1) 外来語の発音
   a. ta 行音　<u>ティ</u>ー・パー<u>ティ</u>ー 'tea party'、<u>トゥ</u>モロー 'tomorrow'
   b. da 行音　<u>ディ</u>ーゼル 'diesel'、<u>デュ</u>ーティー 'duty'、<u>ドゥ</u>・ワップ 'doo-wop'
   c. fa 行音　<u>ファ</u>ミリー 'family'、<u>フィ</u>ールド 'field'、<u>フェ</u>リーボート 'ferryboat'、<u>フォ</u>ト 'photo'
   d. sya 行音　<u>シェ</u>ーカー 'shaker'
   e. zya 行音　<u>ジェ</u>ット 'jet'
   f. tya 行音　<u>チェ</u>ックアウト 'checkout'
   g. ya 行音　<u>イェ</u>スペルセン 'Jespersen'、<u>イェ</u>ーツ 'Yeats'
   h. wa 行音　<u>ウィ</u>ッチ 'witch'、<u>ウェ</u>ア 'wear'、<u>ウォ</u>ーター 'water'

(1c)の fa 行音は両唇摩擦音の [Φa] である。[Φ] は日本語では [Φɯ]（「フ」）にしか聞かれないが、外来語ではすべての母音の前で発音される。ha 行音とせずに fa 行音としたのはそのためである。da 行音に「デュ」があるのだから、ta 行音にも「テュ」があり、tube, tulip が「テューブ」「テューリップ」と表記されても良いのだが、「チューブ」、「チューリップ」である。「チューイン・ガム」'chewing gum' や「チューズ」'choose' の「チュ」とは英語の音素が異なるのであるが、元来「テュ」のない日本語では、以前から日本語にある「チュ」（「中央」、「昼食」など）に代替している。将来は「チュ」と「テュ」が区別して使われることを望むが、「チューリップ」のように固定した発音を変えるのには時間がかかる。将来「テューリップ」という語が出現する際には、現存の「チューリップ」とは別の特別の意味を持った tulip を指す場合であろう。そして「テュ」

の発音が定着すると、やがて「チューリップ」が「テューリップ」に淘汰され、「テュ」の発音だけが残ることになるだろう。しかし、これは筆者の希望的憶測にすぎない。ちなみに、『カタカナ語辞典』には tuba「テューバ」と tulle「テュール」が載っているが、一般的な発音は「チューバ」、「チュール」であり、「テュ」はあくまでもスペリング <tu> に対応する可能な発音として載っているにすぎない。

『カタカナ語辞典』で英語の /jɛ/ が「イェ」と表記されるのは「イェスペルセン」のような固有名詞であり、yesterday, yellow は「イエスタデー」、「イエロー」である。Jerusalem には「イェルサレム」と「エルサレム」が載っているが、後者が一般的である。英語の /wɪ/, /wɛ/ は「ウィ」、「ウェ」と表記される語が多いが、中には sandwich は「サンド<u>イッ</u>チ」と /w/ が発音されなかったり、window は「<u>ウイ</u>ンドー」、west は「<u>ウエ</u>スト」のように /wɪ/, /wɛ/ が2モーラに発音されるものもある。英語の /wɔ/ は「ウォ」と表記されるが、例外として「ウオブル」'wobble' がある。

『カタカナ語辞典』には英語の /kw/ に対応する発音として「クァルテット」（→「カルテット」）'quartetto' と「クォーター」'quarter' の「クァ」と「クォ」が載っている。当辞典では Guatemala が「グアテマラ」と記載されているが、「クァ」があるのだから「グァテマラ」があっても良い。辞典にはまだ統一性が見られない。

2.3　母音挿入

日本語の音節は、基本的には -CV- で成り立っているので、英語の1音節語の next /nɛkst/ は ne·ku·su·to と4音節になり、script /skrɪpt/ は su·ku·ri·pu·to と5音節になる。日本語の音体系にするためには母音を挿入しなければならない。日本語には「ア、イ、ウ、エ、オ」の五つの母音があるのだが、どの母音が一番英語に近く聞こえるのだろうか。cup, net, kick, cab, head, dog の語尾に母音を挿入するとしたら、「ウ」

が最も妥当であるように思われる。/kʌpu/, /nɛtu/, /kɪku/, /kæbu/, /dɔgu/ の方が、非高母音の「エ、オ、ア」を挿入する /kʌpe/, /kʌpo/, /kʌpa/ よりも英語に近く響く。日本語の「ウ」は英語よりも中舌の位置に近い母音 /ɯ/ であり、日本語の話者にとっては同じ高母音の「イ」よりも舌を移動せずに発音できる母音であるので、挿入しやすいと言える。

城生 (1998:67-68) によると、「ウ」は舌の位置は中舌寄りの後舌であり、開口度は狭と半狭の中間にある。そして開口部は縦方向の開きと横方向の開きの最も少ない母音である。城生 (66) は更に、「ウ」はしまりのない中途半端な口の形をしているので、人物写真を撮る際には「チーズ」と言うのは良くないと進言している。このことから、日本語の「ウ」は舌の移動、唇の変化が少なく、五つの母音の中では最も中立的であると言える。

話が少しそれるが、中立的な母音を挿入する現象を他の言語に見てみよう。レナケル語 (Lenakel) は、子音の連続をさけるために母音を挿入している。次の (2) と (3) は Kager (1999:126) から引用したものであるが、(3) は元は John D. Lynch の *Lenekel Phonology* (1974) からのものである。

(2) Epenthetic [ɨ] appears after coronals

    a. /t-n-ak-ol/   tɨ.na.gɔl   'you (sg.) will do it'
    b. /ark-ark/   ar.ga.rɨk[h]   'to growl'
    c. /kam-n-man-n/   kam.nɨ.ma.nɨn   'for her brother'
    d. /r-n-ol/   rɨ.nɔl   'he has done it'

(3) Epenthetic [ə] appears after non-coronals (from Lynch 1974)

    a. /to-rm-n/   tær.mən   'to his father'
    b. /apn-apn/   ab.na.bən   'free'
    c. /k-ar-pkom/   kar.bə.gæm   'they're heavy'

（2）は舌頂音（歯茎音など）の次には [i] を挿入し、（3）は非舌頂音（両唇音や軟口蓋音など）の次には [ə] を挿入するというものである。[ɨ] は日本語の [ɯ] と同じ [+high], [+back], [-round] の素性を持ち、両音は非常に似ている。[ɨ] は中舌音であり、[ɯ] は少し後舌寄りである点だけが違っている。[ɨ] と [ə] は舌の高さが異なるのであるが、両音共舌の移動や唇の変化の最も少ない音である。この点、日本語で [ɯ] 挿入が最も自然に行なわれやすい現象と同じである。

外来語に挿入される母音には、「ウ」の他に「イ」と「オ」がある。なぜこれらの母音が選択されるのか見てみよう。

2.3.1 「イ」の挿入

「イ」は church /tʃɜrtʃ/「チャーチ」、judge /dʒʌdʒ/「ジャッジ」のように硬口蓋破擦音の /tʃ/, /dʒ/ の後に挿入される。「ウ」を挿入せずに「イ」を挿入するのは、/tʃ/, /dʒ/ と同じ調音点の硬口蓋母音の「イ」を挿入する方が、軟口蓋寄りの「ウ」よりも調音上自然なためである。それではなぜ bush /bʊʃ/「ブッシュ」、mirage /mərɑːʒ/「ミラージュ」が「ブッシ」、「ミラージ」と発音されないのかが問題となる。筆者には「チャーチ」、「ジャッジ」と同様に、「ブッシ」、「ミラージ」の発音の方が自然であるように思われるが、「ウ」を挿入する理由は次のようになろう。

英語の発音ではあるが、/tʃ/, /dʒ/ と /ʃ/, /ʒ/ は共に硬口蓋音で摩擦を伴うが、前者は非継続音であり、後者は継続音である。/tʃ/, /dʒ/ では前舌面が硬口蓋に接触するので、「ウ」よりも「イ」が発音しやすい。一方、/ʃ/, /ʒ/ の方は前舌面が硬口蓋に触れないので、調音しやすい中舌寄り母音の「ウ」に舌の位置が移動したと考えられる。日本語では「ジャッジ」の「ジ」も「ミラージュ」の「ジュ」も共に破擦音であるが、「ジ」と「ジュ」の区別は英語の発音の違いによるものと考える。

「イ」の挿入規則は次のように書けるであろう。

（4）「イ」挿入規則

31

$$\phi \rightarrow i \, / \, \begin{bmatrix} +\text{palatal} \\ -\text{continuant} \\ +\text{strident} \end{bmatrix} \underline{\qquad}$$

第1章で述べた促音化規則を適用した後で「イ」を挿入する過程は次のようになる。

（5） catch → kyacch → kyacchi「キャッチ」
match → macch → macchi「マッチ」
college → karejj → karejji「カレッジ」
village → birejj → birejji「ビレッジ」
lodge → rojj → rojji「ロッジ」

2.3.2 「オ」の挿入

「ウ」が最も挿入しやすい母音であるが、硬口蓋破擦音の次には調音点の同じ「イ」が挿入されることを述べた。次の問題は、なぜ hit, bed のように歯茎破裂音 /t, d/ の次に非高母音の「オ」が選択されるかである。理由は母音の付加によって /t, d/ の音質を変えないためであろう。hit に「ウ」や「イ」を加えると、hittsu, hicchi と発音され /t/ が /ts/, /tɕ/ に変化してしまう。英語の /t/ の発音を維持するため「オ」を選択したと思われる。「エ」や「ア」ではなく「オ」が選択されたのは、これらの音の中で「オ」が最も舌や唇の変化を伴わずに調音できるからである。（城生、1998：67 参照）

挿入母音の選択としては「ウ」が第一候補であるため、/t/ に「ウ」を付加し、/tsu/「ツ」と発音する外来語も次のようにいくつかある。

（6）「ツ」の発音
 a. shirt「シャツ」、sheet「シーツ」、bucket「バケツ」、
  jacket「ジャケツ」、tree「ツリー」

b. twin「ツイン」、twist「ツイスト」、two「ツー」

（6a）のように「ツ」と発音する語は比較的古い時期に借用されたものである。bucket「バケット」、jacket「ジャケット」と発音する語も後にできたが、意味が異なっている。tree「ツリー」では /t/ が /r/ の前で「ツ」に発音されているが、これは例外的であり、trick「トリック」、triple「トリプル」、street「ストリート」のように「ト」に発音されるのが一般的である。「スポーツ」'sports' の「ツ」のように複数形と見なされているものもある。（6b）の「ツ」の発音は、/tw/ が「ツ」と発音されたものである。/w/ と /u/ が共に［後舌性、高性］の素性を持つことから、/tw/ が「ツ」と発音される。twin に母音挿入があれば、twilight が「トワイライト」と発音されるように、「トゥイン」と発音されるはずである。
　「オ」挿入規則は次のようになる。

（7）「オ」挿入規則

$$\phi \rightarrow o\ /\ \begin{bmatrix} +\text{alveolar} \\ +\text{plosive} \end{bmatrix} \underline{\quad\quad}$$

（8）rocket → rokett → roketto「ロケット」
　　trumpet → tranpett → toranpetto「トランペット」
　　try → torai「トライ」
　　pyramid → piramidd → piramiddo「ピラミッド」
　　dry → dorai「ドライ」

2.3.3　「ウ」の挿入

　硬口蓋破擦音 /tʃ, dʒ/ と歯茎破裂音 /t, d/ 以外の子音の後には、一般的に「ウ」が挿入される。

（9）「ウ」挿入

mix → miks → mikkusu「ミックス」
　　　picnic → piknikk → pikunikku「ピクニック」
　　　staff → staff → sutaffu「スタッフ」
　　　socks → sokks → sokkusu「ソックス」
　　　cap → kyapp → kyappu「キャップ」
　　　ham → hamu「ハム」
　　　cocktail → kakuteru「カクテル」
　　　song → songu「ソング」
　　　taxi → takushii「タクシー」
　　　rib → ribu「リブ」

（9）の例では /k/ の次に /u/ が挿入されて「ク」に発音されているが /k/ の次に /i/ が付加されて「キ」に発音される語がある。これは古い発音であるが、/k/ の前の母音が前舌母音 /i, e/ なので母音調和が起こっているのであろう。

(10)「キ」の発音
　　　deck → dekk → dekki「デッキ」
　　　exite → ekisaito「エキサイト」
　　　text → tekisuto「テキスト」
　　　Texas → tekisasu「テキサス」
　　　mixer → mikisaa「ミキサー」
　　　ink → inki「インキ（インク）」
　　　next → nekisuto「ネキスト（ネクスト）」

　英語の pen, hanger は「ペン」、「ハンガー」と発音され、/n/ の後ろには母音が挿入されない。所が ham, teammate は「ハム」、「チームメイト」のように /m/ の後ろに /u/ が付加されて「ム」に発音される。/u/ が挿入されるのはどのような場合か見てみよう。

<n> に綴られる鼻子音の後には母音が付加されない。<n> は、英語では次の子音に同化して /n/, /m/, /ɱ/, /ŋ/ に発音されるのであるが、外来語のカナ文字は常に「ン」である。

(11) 　sun /sʌn/ → san「サン」
　　　penfriend /pɛɱfrɛnd/ → penfurendo「ペンフレンド」
　　　sunburn /sʌmbərn/ → sanbaan「サンバーン」
　　　sunset /sʌnsɛt/ → sansetto「サンセット」
　　　Sunday /sʌndeɪ/ → sandee「サンデー」
　　　manpower /mæmpaʊər/ → manpawaa「マンパワー」
　　　English /ɪŋglɪʃ/ → ingurisshu「イングリッシュ」
　　　drink /drɪŋk/ → dorinku「ドリンク」
　　　king /kɪŋ/ → kingu「キング」
　　　song /sɔŋ/ → songu「ソング」
　　　king-size /kɪŋsaɪz/ → kingusaizu「キングサイズ」

　英語の /kɪŋ/, /sɔŋ/ が外来語への入力であれば、「キグ」、「ソグ」となることから、kingu「キング」、songu「ソング」は英語の抽象的な基底表示である /kɪng/, /sɔng/ に /u/ が加えられたとも考えられよう。しかし、そこまで入力を抽象的なレベルまで掘り下げるのであれば、英語のスペリングに /u/ が加えられたと見る方が理解しやすい。本書では、母音挿入は音声よりもスペリングのレベルでなされていると考える。
　<m> の次に両唇音がある場合には、英語のスペリングが <m> であるにもかかわらず、次のように尾子音の /m/ には /u/ が挿入されずに「ン」である。

(12) 　camp /kæmp/ → kyanpu「キャンプ」
　　　hamburger /hæmbɜrgər/ → hanbaagu「ハンバーグ」
　　　symbol /sɪmbəl/ → shinboru「シンボル」

umpire /ʌmpaɪər/ → anpaia「アンパイア」

(11) と (12) の外来語の鼻子音「ン」は、それ自体で一つのモーラを形成している。Mはモーラを表す。

(13) a. pen

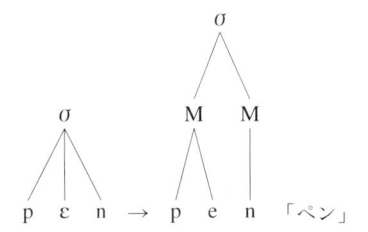

pɛn → pen「ペン」

b. drink

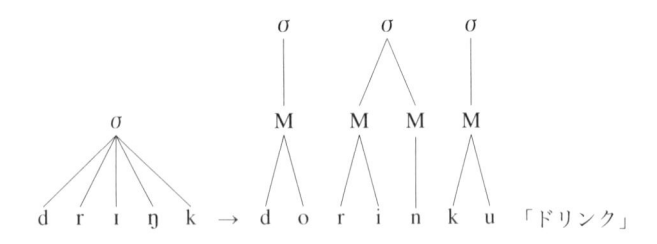

drɪŋk → dorinku「ドリンク」

c. camp

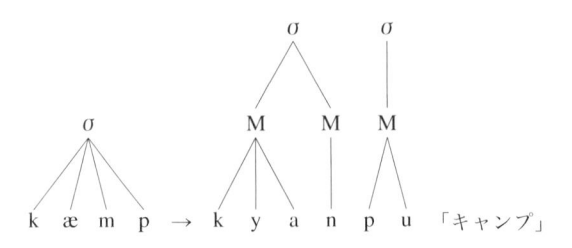

kæmp → kyanpu「キャンプ」

d. symbol

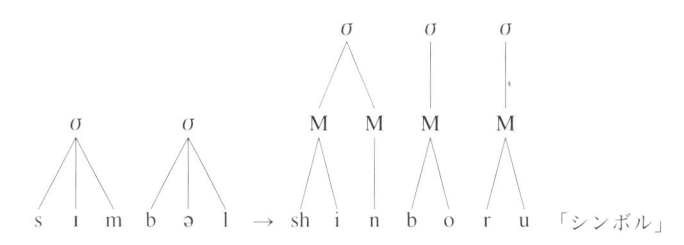

```
              σ        σ       σ
              |        |       |
   σ    σ     M    M   M       M
  /\   /\     |    |   |       |
  s ɪ  m ɔ  l  sh i  n  b o  r  u    「シンボル」
```
sɪmbɔl → shinboru「シンボル」

　/m/ の後ろに子音があるにもかかわらず、次の (14b) のように /u/ の挿入される場合がある。/u/ の挿入される外来語を見てみよう。

(14) a. cream /kri:m/ → kuriimu「クリーム」
　　　　room /ru:m/ → ruumu「ルーム」
　　　　column /kɑləm/ → koramu「コラム」
　　b. roommate /ru:mmeɪt/ → ruumumeito「ルームメイト」
　　　　columnist /kɑləmnɪst/ → koramunisuto「コラムニスト」
　　　　teamwork /ti:mwɜrk/ → chiimuwaaku「チームワーク」

　(12) と (14b) の英語は、共に /m/ が音節の尾子音にある。両者の違いは、(12) の語は複数の音節であっても一つの形態素であるが、(14b) の語は二つの形態素から成り立っていることにある。従って (14a, b) のように語末あるいは形態素末の /m/ は外来語の撥音にはならない。一方、(11) と (12) の鼻子音を撥音と見なすのは、その基底表示が日本語のように /n/ であると考えられるからである。日本語では、/kempoo/「憲法」、/kambun/「漢文」の発音では /n/ が次の子音への同化によって /m/ になるので、外来語の camp, symbol の /m/ の発音も同様の現象と見なしているのである。ham や team のような語末の /m/ は、その基底の音素が /n/ であるとは考えられないので、/u/ を付加して別のモーラを形成することになる。

ham の /m/ は hamu「ハム」では音節の頭子音になる。次の樹状図のように /m/ は促音にはならないので、前の音節から切り離される。

(15) ham

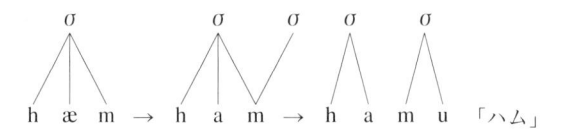

```
    σ           σ           σ   σ         σ   σ
   /|\         /|\\         /|  |\        /|  |\
  h æ m   →   h a m    →   h a  m u    「ハム」
```

(15)の例から、母音挿入は子音挿入の後に適用されると言える。というのは、頭子音があるから母音が必然的に挿入されるのであり、その逆はありえない。また、CVC を CVC·CV の音節にするのは外国語の音節形態を維持するものであり、母音を挿入した後の CVC·V に頭子音を付加するのは不自然である。母音を挿入した後の CVC·V は「ハム」のように CV·CV の音節になるべきである。

2.4 音声への対応

外来語の母音の発音は、英語の発音に準じるものとスペリングに準じるものとがある。まず英語の発音との関係をみてみよう。本章で用いている英語の母音の発音記号は１４である。それに対応する日本語の母音は五つである。英語の母音の発音に対する外来語の発音を図で示すと次のようになる。なお、英語の二重母音は前の音の調音位置に書いている。

(16) 母音の対応

	前舌	中舌	後舌
高	iː イー ɪ イ		uː ウー ʊ ウ
中	eɪ エー ɛ エ	ɜr/ər アー ʌ ア	oʊ/ɔː オー ɔɪ オイ ɔ オ
低	æ ア	aɪ アイ aʊ アウ	ɑː アー ɑ ア

(16)の表により、前舌高母音は「イ」、前舌中母音は「エ」、後舌高母音は「ウ」、後舌中母音は「オ」であり、他の中母音と低母音は「ア」と発音される。(16)の表に示されている英語の発音と外来語の発音の関係は、次のようである。下線部はそれぞれの対応する発音を示している。

(17) a. /iː/「イー」: key /kiː/ →キー、entry /ɛntriː/ →エントリー
   b. /ɪ/「イ」: picnic /pɪknɪk/ →ピクニック、
            liquid /lɪkwɪd/ →リキッド
   c. /eɪ/「エー」: date /deɪt/ →デート、
            May Day /meɪ deɪ / → メーデー
   d. /ɛ/「エ」: net /nɛt/ →ネット、pen /pɛn/ →ペン
   e. /uː/「ウー」: room /ruːm/ →ルーム、
            cool /kuːl/ →クール
   f. /ʊ/「ウ」: book /bʊk/ →ブック、look /lʊk/ →ルック
   g. /oʊ/「オー」: echo /ɛkoʊ/ →エコー、
            boat /boʊt/ →ボート
   h. /ɔɪ/「オイ」: oil /ɔɪl/ → オイル、troy /trɔɪ/ →トロイ
   i. /ɔː/「オー」: water /wɔːtər/ →ウォーター、

39

automatic /ɔ:təmætɪk/ →オートマチック
j. /æ/「ア」: ham /hæm/ →ハム、
　　　　　　sandbag /sændbæg/ →サンドバッグ
k. /ɜr/「アー」: bird /bɜrd/ →バード、
　　　　　　curtain /kɜrtən/ →カーテン
l. /ər/「アー」: hour /auər/ →アワー、
　　　　　　doctor /dɑktər/ →ドクター
m. /ʌ/「ア」: number /nʌmbər/ →ナンバー、
　　　　　　sunday /sʌndeɪ/ →サンデー
n. /aɪ/「アイ」: ice /aɪs/ →アイス、smile /smaɪl/ →スマイル
o. /au/「アウ」: powder /paudər/ →パウダー、
　　　　　　house /haus/ →ハウス
p. /ɑ:/「アー」: half /hɑ:f/ →ハーフ、
　　　　　　scarf /skɑ:(r)f/ →スカーフ

英語の発音に自由変異があるために、外来語の発音が英語の発音によってではなく、スペリングによって決められると思われるものがある。次の <e> と <o> の発音を見てみよう。

(18) <e> と <o> の発音
　a. <e>「エ」: economy /ɪkɑnəmi:/, /ɛkɑnəmi:/ →エコノミー
　　　　　　enjoy /ɪndʒɔɪ/, /ɛndʒɔɪ/ →エンジョイ
　b. <o>「オ」: cockney /kɑkni:/, /kɔkni:/ →コックニー
　　　　　　spot /spɑt/, /spɔt/ →スポット
　c. <o> /ʌ/「オ」: onion /ʌnjən/ →オニオン
　　　　　　sponge /spʌndʒ/ →スポンジ
　d. <o> /ɑ/「ア」: cocktail /kɑkteɪl/ →カクテル

(18a) は <e> が /ɪ/ と /ɛ/ の自由変異をなしているが「エ」と発音され、

(18b) は <o> が /ɑ/ と /ɔ/ の自由変異をなしているが「オ」と発音されている。これは一見スペリング発音によると思われる。確かに <e> と <o> はローマ字読みでは「エ」と「オ」に対応するが、本書は、英語の発音との対応を第1に考える。それで説明の付かない外来語の発音に関しては、次のステップとしてスペリングとの対応を考えることにする。(18a) の外来語が「エ」と発音されるのは、英語の /ɛ/ に対応しているのであり、同じように (18b) の外来語の「オ」は、英語の /ɔ/ に対応しているのである。他の自由変異の発音は、外来語の対象になっていないと考える。cup /kʌp/「カップ」、young /jʌŋ/「ヤング」では /ʌ/ が「ア」と発音されるが、(18c) の語では /ʌ/ がスペリング読みの「オ」に発音されている。これはスペリングに対応した発音である。一方では、(18d) の「カクテル」のように英語の発音 /ɑ/ に対応した発音になっているものもある。このように <o> は必ずしも「オ」に対応しないことから、基本的には英語のスペリングではなく発音によって外来語の発音が決められていると言える。

　英語の音韻体系には flower /flauər/, player /pleɪər/ のように母音が三つ連続する語がある。一方、日本語は基本的には CV 言語であるため、flower「フラワー」、hour /auər/「アワー」のように /uər/ を「ワー」と発音し、player「プレーヤー」、dryer /draɪər/「ドライヤー」のようにスペリングに <y> がある語は「ヤー」と発音している。/u/ を /w/ に替えることと、スペリング <y> を /j/ と発音することで母音の連続を避けている。player /pleɪər/ を「プレーヤー」と発音するのは /j/ 挿入のように思われるが、次の (21) の例のように、英語のスペリングに <y> のない語は「イア」と発音されている。

　外来語で母音が二つ連続するのは許されることから、次の母音 <ia> の連続する英語は、外来語でも「イア」と発音され、「イヤ」とは発音されない。

(19) <ia>「イア」

Arabia「アラビア」、nostalgia「ノスタルジア」、mania「マニア」、ammonia「アンモニア」、Asia「アジア」

/ər/ を「アー」と発音する場合と「ア」と発音する場合があるが、これも母音の連続に関連がある。次の (20) は英語の /ər/ を「アー」と長母音に発音する語であるが、(21) は /ər/ を「ア」と短母音に発音する語である。両者の違いは /ər/ の前に子音があるか母音があるかによる。

(20) /Cər/「C アー」
announcer「アナウンサー」、illustrator「イラストレーター」、escalator「エスカレーター」、calendar「カレンダー」、character「キャラクター」、goalkeeper「ゴールキーパー」、synthesizer「シンセサイザー」、popular「ポピュラー」、manager「マネジャー」、regular「レギュラー」

(21) /Vər/「V ア」
amateur /æmətʃʊər/ →アマチュア
barrier free /bærɪər fri:/ →バリア　フリー
career /kərɪər/ →キャリア
engineer /ɛndʒənɪər/ →エンジニア
interior /ɪntɪərɪər/ →インテリア
junior /dʒu:nɪər/ →ジュニア
umpire /ʌmpaɪər/ →アンパイア
fire /faɪər/ →ファイア
sapphire /sæfaɪər/ →サファイア

(21) の career「キャリア」は短母音「ア」に発音されるが、同じような発音の carrier /kærɪər/ は「キャリアー」と長母音「アー」に発音される。これは carrier が carry「運ぶ」と -er「人」の二つの形態素から成り立つ

ており、「キャッチャー」、「オフィサー」、「スキーヤー」のように、「アー」が「人」の意味を表しているためである。ちなみに「スキーヤー」は「スキーアー」では母音が続くため、/j/ を挿入して「ヤー」と発音したものである。これは「プレーヤー」、「バイヤー」、「デストロイヤー」などへの類推である。<yer> への類推がなければ、skier /ski:ər/ は「スキーア」と発音されるはずである。

(21) の「アンパイア」、「ファイア」、「サファイア」は /aɪə/ と三つの母音が連続している。この母音連続を避けるため、次のように子音を挿入する語もある。

(22) /aɪər/
 a.「イヤ」：tire /taɪər/ →（タイア）→タイヤ
    wire /waɪər/ →（ワイア）→ワイヤ
    diamond /daɪəmənd/ →（ダイアモンド）→ダイヤモンド
 b.「イヤー」：hired /haɪərd/ car →ハイヤー

(22) の例では /aɪə/ の /ɪ/ の次にわたり音の /j/ が挿入されている。外来語ではその例が少なく例外的であるが、/j/ 挿入は言語の一般的な現象である。我々も何気なく career, fire, junior を「キャリヤ」、「ファイヤ」、「ジュニヤ」と発音してしまうことがあるであろう。

2.5　スペリングへの対応

外来語の発音には、英語の音声には対応せずにスペリングに対応するものが多い。その最も顕著なものが強勢のないあいまい母音 /ə/ に対する母音である。(16) の表にあるように /ər/ は「アー」に発音されるが、それは /ə/ が /r/ の前にある場合であり、他の場合にはスペリングによって決められる。次の下線部はスペリングと外来語の発音との関係を示している。

(23) あいまい母音の発音
    a. <i>「イ」： an<u>i</u>mal /ænəməl/ →アニマル
               al<u>i</u>bi /æləbaɪ/ →アリバイ
    b. <e>「エ」： toil<u>e</u>t /tɔɪlət/ →トイレット
               sir<u>e</u>n /saɪrən/ →サイレン
    c. <u>「ウ」： h<u>u</u>rray /həreɪ/ →フレー
               urani<u>u</u>m /jʊəreɪnɪəm/ →ウラニウム
    d. <u>「ア」： s<u>u</u>pport /səpɔː(r)t/ →サポート
               foc<u>u</u>s /foʊkəs/ →フォーカス
    e. <o>「オ」： ir<u>o</u>n /aɪrən/ →アイロン
               p<u>o</u>lice /pəliːs/ →ポリス
    f. <a>「ア」： dra<u>ma</u> /drɑmə/ →ドラマ
               <u>a</u>larm /əlɑː(r)m/ →アラーム

　(23c) の <u> が「ウ」に発音されるのは、ローマ字発音を考えれば当然のことである。しかし、(23d) の <u> は同じくあいまい母音でありながら「ア」に発音されている。これは supper /sʌpər/「サパー」、custom /kʌstəm/「カスタム」のような語では <u> が「ア」と発音されるので、support, focus の <u> もそれと同じ発音とみなしているからである。確かに /ʌ/ と /ə/ は調音が似ており、日本語話者には区別し難い。
　外来語の発音が英語の発音に準じているのか、スペリングに準じているのかを述べてきたが、どちらにも対応する語も多くある。例えば coin /kɔɪn/「コイン」、mat /mæt/「マット」、pick /pɪk/「ピック」の外来語の発音は、スペリングと音声の両方に対応している。本書では英語の音声への対応を第一に考察し、(16) の表からはずれる外来語の発音に関しては、スペリングあるいはその他の要因を考えることにする。
　外来語の発音が、英語のスペリングに対応する他の例を見てみよう。英語は、<VCe> のスペリングでは母音が二重母音に発音される。例え

ば、stove /stoʊv/, cake /keɪk/ の /oʊ/, /eɪ/ の発音は、語のスペリングから予測できるものである。外来語では (16) の表にならって「ストーブ」、「ケーキ」のように長母音に発音されている。所が、<VCe> が英語では短母音であるにもかかわらず、外来語で長母音になるものがある。

(24) <VCe> → 「V̄C」
  a. <oCe>「オーC」：<u>ove</u>n /ʌvən/ → 「<u>オー</u>ブン」、
        gl<u>ove</u> /glʌv/ → 「グ<u>ロー</u>ブ」
  b. <aCe>「エーC」：<u>ima</u>ge /ɪmɪdʒ/ → 「イ<u>メー</u>ジ」、
        sau<u>sage</u> /sɔːsɪdʒ/ → 「ソー<u>セー</u>ジ」

(24) の外来語の発音は、英語の二重母音発音規則を外来語に適用したものである。

 <age> が「エージ」と長母音に発音されるのとは反対に、<ange> は「エンジ」と短母音に発音される。これは /eɪ/ の次に子音群 /ndʒ/ が続くためであり、二つ以上の子音の前は短母音であるという言語の一般性を反映したものである。

(25) <ange>「エンジ」
  a. arrange /əreɪndʒ/ → アレンジ
   change /tʃeɪndʒ/ → チェンジ
   ranger /reɪndʒər/ → レンジャー
  b. orange /ɔrɪndʒ/ → オレンジ

(25b) の orange は、英語の発音は /ɪndʒ/ と短母音であるが、(25a) と同じく「エンジ」と発音されている。英語の発音はどうであれ、外来語では <ange> は「エンジ」と発音される。

 英語ではスペリングは同じでありながら、アクセントがない母音を短母音にする場合がある。英語の <ai> は máil, táilor のように強勢がある

45

場合は /eɪ/ と二重母音に発音され、cúrtain, móuntain のように強勢のない場合は /ə/ に発音される。<ai> の発音は次のようになる。

(26) <ai> の発音
  a. /eɪ/「エー」：máil /meɪl/ →メール
       táilor /teɪlər/ →テーラー
  b. /ə/「エ」：cúrtain /kɜrtən/ →カーテン
       móuntain /maʊntən/ →マウンテン
  c. /eɪ/「エ」：cócktàil /kɑkteɪl/ →カクテル
  d. /eɪ/「エイ」：èntertáiner /ɛntərteɪnər/ →エンターテイナー

　(26b) の外来語の発音は、長母音「エー」の短縮形である。英語では /eɪ/ と /ə/ は全く異質の母音であるが、外来語では共に「エ」であり、長母音か短母音かはアクセントがあるかどうかによって決められる。この場合のアクセントを外来語のアクセントとする。そのように考えると、(26c) の cocktail が /eɪ/ に発音されているにもかかわらず、「カクテル」と「カ」にアクセントがあるので、なぜ「カクテール」と発音されないのかが説明つく。しかし、アクセントのない母音が短母音になるのは英語の規則である。外来語には元の言語の規則が入り込んで影響を及ぼすことがある。

2.6　外来語のアクセント

　外来語のアクセントが、英語のアクセントの位置と同じになる場合が多い。これは偶然ではなく、英語の強勢規則が外来語のアクセント規則に反映されているからである。例えば、長母音、二重母音に強勢が付与されること、後ろから2番目の音節が軽音節であれば、その前の音節にアクセントが付くこと、英語の接尾辞の付加した語のアクセントが、そのまま外来語のアクセントになること、などである。一方、日本語のア

クセント規則が外来語に反映されるものもある。例えば、複合語のアクセント付与や無声母音のアクセント移動などである。

2.6.1 長母音と二重母音

　外来語のアクセント核は、基本的には後ろから2番目の音節が二重母音や長母音の重音節であればそこに付与され、語末から2番目の音節が短母音の軽音節であればその前の音節に付与される。これは、語末の音節を韻律外とし、それから前2番目のモーラにアクセント核が付与されるというものである。語末の音節が韻律外だということは、語末の音節をアクセント付与の際に無視するということである。つまり、語末の音節が重音節、軽音節かに関係なく、語末から2番目の重音節と語末から3番目の軽音節にアクセント核が付与されることになる。

　ここでアクセント核がモーラに付与されるという場合と、音節に付与される場合の違いについて説明する必要がある。アクセント核が語に付与されるのは音節にである。しかし、標準日本語の実際の発音では、重音節のアクセントは前のモーラが高ピッチ、後ろのモーラが低ピッチの高低パターンになる。つまり、基底のレベルではアクセント核は音節に付与されるが、実際の発音ではモーラに付与されることになる。日本の多くの方言では、アクセント核を音節に付与すると同時に、発音上でも音節を一つの単位として高ピッチに発音している。まず、語末から2番目の音節が、長母音と二重母音の例を見てみよう。

　次のカタカナの上の横線￣は高いピッチを表し、￣|はその次の音が低いピッチで発音されることを表している。更に、アクセント核の付与される音節は太い文字で表している。[#]は語境界を表す記号である。アクセントのデータは、『アクセント辞典』からのものである。次の(27)の語は、後ろから2番目の音節が長母音であるため、太字の音節にアクセント核が付与されるのであるが、実際に高ピッチに発音されるのは前の母音である。

(27) V̄- 音節 #
　　イコール、イルミネーション、インフォメーション、
　　ウラニューム、エスカレーター、オペレーター、コーディネーター、
　　コンクリート、ダメージ、マッシュルーム、パスポート、
　　パラシュート

　次の (28) の語は、後ろから 2 番目の音節が二重母音である。(27) の長母音同様、前のモーラに高ピッチのアクセントが移動している。

(28) VV- 音節 #
　　オールマイティー、シンセサイザー、スカウト、スポットライト、
　　タイプライター、ダイナマイト、ハイライト、パラダイス
　　（パラダイスもあり）、ハワイアン

　(28) の「パラダイス」の発音は、英語のアクセントに従ったものであろう。
　本書でのアクセント規則は、語末からの音節数を見てアクセント核を付与するものであるが、語末からのモーラを数えて、アクセント核を付与するやり方もある。窪薗 (1995：20、1999：203) は、外来語のアクセント規則について、「語末から三つ目のモーラを含む音節にアクセント核を付与する」と述べている。窪薗のアクセント規則は、いちいち音節構造を説明する必要のない非常に簡潔なものである。それに対して本書は、外来語の音節構造とアクセントの関係を、英語の音節構造と強勢規則との関係と照らし合わせて考えようとするために、音節の構造を記述して説明している。英語の強勢規則も語末からのモーラ数によって決めるのであれば、軽音節や重音節の記述は不必要になるが、英語のアクセント付与には重音節が大いに係わっていることから、外来語のアクセント付与も同様に扱うことにする。一方、本書では窪薗のアクセント規則が適用されることにも言及していく。(27), (28) のように語末から 2

番目の音節にアクセント核の付与される語は、語末から三つ目、あるいは四つ目のモーラが高ピッチで発音されるのであるから、窪薗の規則が適用されていることになる。

　次の (29) の例にも見られるように、アクセント核の付与された音節が二つのモーラから成り立つ重音節であれば、前のモーラのみ高いピッチで発音される。「アクセント」という用語は、音節に付与される抽象的なアクセント核であり、実際に発音される「ピッチ」と区別して用いられているべきであろうが、特に言及する必要のない場合は、総称的に「アクセント」の用語を用いることにする。次の太字の「音節」は、アクセント核が付与されている音節を意味する。(29) は、語末から2番目の音節が軽音節の場合には、その前の音節、つまり後ろから3番目の音節にアクセント核が付く例である。(29a) は後ろの3音節がすべて軽音節であるため、後ろから3番目のモーラにアクセントが付き、(29b) は語末から4番目のモーラにアクセントが付き、(29c) は語末の音節と後ろから3番目の音節が重音節であるために、後ろから5番目のモーラにアクセントが付いている。

(29) **音節**－軽音節－音節 #
  a. エン**ジ**ニア、ジャー**ナ**リスト、ポイン**セ**チア、**ホ**テル、**ミ**ルク
  b. ア**ダ**プター、イレ**ギュ**ラー、イン**デ**ックス、ウ**エ**スタン、オー**ソ**ドックス、オリ**エ**ンタル、**カ**ップル、**キャ**プテン、キャ**ラ**クター、**キャ**ラバン、クラ**イ**マックス、コ**メ**ディアン、ス**リ**ラー、トラ**イ**アングル、ヒュー**マ**ニティー、ヘリ**コ**プター、**ホ**リデー、ボ**ラ**ンティア、**マ**ガジン
  c. **イ**ンタビュー、**イ**ンディアン、**シ**ンフォニー、**タ**ンバリン

(29b) の「ウエスタン」、「キャプテン」や (29c) の「インタビュー」、「インディアン」などのアクセントは、語末から3番目のモーラを含む音節にアクセント核を付与しても派生されない。これらの語は英語の強

勢と同じ位置に高いピッチが来ているので、英語のアクセントをそのまま付与しているとも考えられるであろう。しかし、本書では英語のアクセント規則に従ったと考える前に、外来語のアクセント規則の適用を優先的に考えることにする。にもかかわらず、アクセント規則が適用されない外来語も多くある。それらの語は英語のアクセントと同じモーラに高ピッチがあることから、英語のアクセントが影響していると考えることにする。

英語の子音連続語が日本語に借用される際には、日本語の音節体系に合わせて母音を挿入するのであるが、その挿入された母音がアクセント核の付与される位置にありながら、アクセントの付かない場合がある。3モーラ語を見てみよう。tree /tri:/ は /tr/ の子音連続があるので「ツリー」とは発音されずに、「ツリー」と長母音にアクセント核が付与されている。一方、merry /mɛri:/ は、2音節語であるので、語末から2番目の音節にアクセント核が付与され「メリー」と発音される。このように外来語では「ツリー」も「メリー」も共に2音節、3モーラ語であるが、英語が1音節である語では、語末の長母音、二重母音にアクセント核が付与されている。次の(30a)は語末の長母音、二重母音にアクセントがあり、(30b)は語末から3モーラ目にアクセントがあるという一般的なアクセント付与規則によるものである。

(30) 3モーラ語のアクセント (1)
　a. 挿入母音の低ピッチ
　　　クルー 'crew' /kru:/、スキー 'ski' /ski:/、スター 'star' /stɑr/、スロー 'slow' /sloʊ/、トライ 'try' /traɪ/、ドライ 'dray' /dreɪ/、フリー 'free' /fri:/、プレー 'play' /pleɪ/、グレー 'gray' /greɪ/、フロア 'floor' /flɔɚ/
　b. 2音節語のアクセント
　　　エコー 'echo' /ɛkoʊ/、カラー 'collar' /kɑlɚ/, 'color' /kʌlɚ/、ギター 'guitar' /gɪtɑr/、フェリー 'ferry' /fɛri:/

(30a) のアクセントは、長母音、二重母音にアクセント核が付与される3モーラ語であり、語末の音節が軽音節、あるいは撥音である語にはアクセント核が付与されない。このことは、長母音、二重母音の重音節にアクセント核が最も付与されやすいことを示している。次の (31) も、英語の /CCVC/ の1音節語が外来語では3モーラ語に発音されるものである。(31a) は後ろから3モーラ目にアクセントがある語であり、(31b) は第1音節と第2音節の両方にアクセント核の付与されている語である。

(31) 3モーラ語のアクセント (2)
    a. 挿入母音の高ピッチ
       ク￣ラス 'class'、グ￣ラス 'glass'、グ￣ラフ 'graph'、ク￣ラブ 'club'、グ￣ラブ 'glove'、ス￣ラム 'slum'、ス￣リム 'slim'、ス￣リル 'thrill'、ド￣ラマ 'drama'、ド￣リル 'drill'、ド￣ラム 'drum'、プ￣ラム 'plum'、プ￣ラン 'plan'
    b. グリル、グリ￣ル 'grill'、プリン、プリ￣ン 'pudding'

(31b) の2語は例外的ではあるが、「グリ￣ル」の発音があるということは、母音を挿入した音節には、アクセントが付与され難いことを意味している。その顕著な例として、「トリ￣ル」'trill' がある。「プリ￣ン」は撥音を含む重音節にアクセント核が付いたものである。

2.6.2 撥音

撥音を尾子音に持つ VN (母音＋鼻音) の音節は、二つのモーラから成り立っている重音節である。撥音の音節が、アクセント付与に関して、長母音や二重母音と同じ重みを持っているのかを、後ろから2番目の音節に来る場合と、語末に来る場合で見てみよう。

撥音の音節にアクセント核が付与されるのは、次のように語末の音節

が重音節の場合である。これは、後ろから3番目のモーラを含む音節にアクセント核が付与されるという外来語の一般的な規則が適用されているのである。実際の発音では、撥音の前の母音が高ピッチに発音される。

(32) **VN**- 重音節 #
　　　アナ̄ウンサー、オ̄ープンカー、カレ̄ンダー、スポ̄ンサー、
　　　バトミ̄ントン、ヘルスセ̄ンター

(32)のアクセント付与は、一見、撥音の音節が、長母音や二重母音の音節と同じ重みを持っているように思われる。しかし、VN音節の次に軽音節が来る場合には、次の（33）のようにアクセント核はVNの前の音節、つまり後ろから4番目のモーラに付与される。(27)と(28)では、長母音や二重母音の音節には、語末の音節に関係なくアクセント核が付与されているが、VN音節にはアクセント核が付与されていない。VN音節は長母音や二重母音の音節ほどアクセントを引きつける力がないと言える。(33a)は後ろから4番目のモーラに高ピッチがあり、(33b)はVN音節の前が重音節であるために、後ろから5番目のモーラに高ピッチがある。

(33) 音節 -VN- 軽音節 #
　　a. セ̄カンド、パ̄テント、プレ゚̄ゼント、マーケ̄ティング
　　b. ク̄ッキング、ダ̄ンピング、ペパ̄ーミント、ペ̄ンダント

　(29c)や(33b)のように、高ピッチが後ろから5番目にある語は、英語の強勢の位置と同じである。英語、外来語共、重音節にアクセントが付与されているものである。
　(33)の語では、VN音節が軽音節のようにみなされ、アクセント核が付与されていない。しかし、VN音節の中には、長母音や二重母音と同じく、アクセント核の付与される重音節とみなされるものもある。

(34) **VN- 軽音節 #**
　　インス̄タント（イ̄ンスタントもあり）、ガスレ̄ンジ、ジレ̄ンマ、
　　ダイヤモ̄ンド、トーナ̄メント（ト̄ーナメントもあり）、
　　パーマ̄ネント、プロパ̄ガンダ、ブロ̄ンズ（ブ̄ロンズもあり）、
　　マリ̄ンバ

　軽音節よりも重音節にアクセント核が付与されるのはモーラ数が多いからであるが、三つのモーラから成る音節がある。撥音を含む長母音、二重母音の超重音節 /VVN/ である。超重音節には、語のどの位置にあってもアクセント核が付与される。これまで見てきた例では、語末の音節にアクセントが付く語はなかったが、超重音節は語末の音節であってもアクセントが付与される。次のように、高ピッチになるのは超重音節の最初のモーラのみである。

(35) **V̄N / VVN#**
　　スペ̄イン、ハリケ̄ーン、ブレ̄イン、リタ̄ーン、インタ̄ーン

　超重音節であるから、語末の音節であってもアクセント核が付与されると述べた。しかし、例は少ないが、「エンジョ̄イ」、「マシ̄ン」、「パタ̄ン」、「ワンパタ̄ン」など、語末の重音節にアクセントの付与されるものもある。「エンジョ̄イ」と「マシ̄ン」は英語の /ɛndʒɔ́ɪ/, /məʃíːn/ とアクセントの位置が同じであるが、「パタ̄ン」は英語では /pǽtɚn/ であり、アクセントの位置が異なっている。「パタ̄ン」と「タ̄」が高ピッチに発音されるのは、「パタ̄ーン」という超重音節の発音もあるからであろう。

　(34), (35) の高ピッチの位置は後ろから三つ目のモーラであるが、次の拗音と撥音を含む重音節を語末に取る語も、語末から三つ目のモーラが高く発音され、窪薗のアクセント規則にかなっている。拗音とは、子音＋半母音 /j/ の次に /a/, /u/, /o/ の母音が伴って形成される音節であ

る。次の（C）は随意的に促音や撥音があることを意味している。

(36) **V(C)**-CjVN#
　　　アドミッション、エクステンション、テクニシャン、
　　　ミュージシャン、パーカッション

　筆者は、拗音の前の音節にアクセント核が付与されるのを次のように考える。拗音の kya, kyu, kyo は、その基底形が kia, kiu, kio であり、2 音節の単音節化したものとする。仮に「ム・キ・アン」という 3 音節の外来語があったとしよう。後ろから 2 音節の「キ」が軽音節なので、「ム」にアクセントが付き、「ムキアン」と発音される。「キア」が拗音に発音されて「ムキャン」になってもアクセントの位置は変わらない。このように考えると、英語のアクセントと関連づけることができる。次の英語の強勢の位置は、後ろから 2 番目の音節にあり、(36) と同じである。

(37) expréssion/ ɪkspréʃən/, musícian /mjuːzíʃən/,
　　　petítion /pətíʃən/, question /kwéstʃən/, relígion /rɪlídʒən/

　英語の名詞の強勢規則は、語末から 2 番目の音節が軽音節であれば、その前の音節、つまり語末から 3 番目の音節に強勢が付くはずであるが、(37) の英語は語末から 2 番目の音節に強勢が付いている。しかし、その綴り字を見ると、prés-si-on、musí-ci-an、petí-ti-on と語末から 3 番目の母音に強勢が付いている。英語の /Ci/ が口蓋子音 [ʃ, tʃ, dʒ] になる現象は、日本語の拗音と同じである。

2.6.3　促音

　撥音を尾子音とする音節は、モーラ数によって軽音節とも重音節とも扱われることを見てきたが、促音が尾子音である音節はどうであろうか。促音を尾子音とする音節を VQ で表わすことにする。Q は重複子

音 (geminate) を意味する。VQ 音節は、次のように長母音、二重母音と同じような重音節とみなされ、アクセント核が付与されている。

(38) **VQ- 音節 #**
アタッカー、ウオッチ、オートマチック、オミット、ガイドブック、**カッター**、クラッカー、コルネット、サーモスタット、シュレッダー、シルクハット、ステップ、スナック、スピリット、ハンディキャップ、ヒステリック、ピラミッド、ボイコット、ポケット、マスコット

(38)の語は、結果的には窪薗のアクセント規則と同じく、語末から三つ目のモーラを含む音節にアクセント核が付与されているが、重音節にアクセント核が付与され、促音の前のモーラが高ピッチに発音されると解釈されるものである。

　重音節の中でも、アクセントを引き付ける度合いに差があるようである。長母音・二重母音に最もアクセント核が付与されやすく、次に促音、撥音の順序と思われる。促音の音節よりは長母音の音節にアクセント核が付きやすいということは、V̄ 音節と VQ 音節が並んだ場合、次の例にみられるように、促音音節のアクセント核がその前の長母音に移動していることからも分る。

(39) **V̄-VQ**
カーペット、**サ**ーキット、**チュ**ーリップ（チューリップもあり）、**フォ**ーマット、**マ**ーケット（マーケットもあり）、**ミュ**ージック

tulip には (39) にあるように二通りのアクセントがあるが、makeup は「メーキャップ」の発音のみである。これは例外的である。make と up の複合語として捉え、後項要素の音節にアクセント核を付与しているのであろう。複合語のアクセンとについては後で触れる。percússion

は「パーカッション」と発音され、「パーカッション」とは発音されない。これは拗音の「ション」が続いているからであるが、更に長母音へのアクセント移動が行われると、英語の強勢の位置より前になってしまう。(39) の語は後ろから四つ目のモーラにアクセント核が付与され、その音節が重音節なので前のモーラ、つまり語末から五つ目のモーラが高ピッチに発音されている。語末から三つ目のモーラを含む音節よりも前のモーラにアクセント核が来る例として、窪薗は「アマゾン」、「マゼラン」(1999：209) と「インタビュー」、「ミュージシャン」(1999：211) を挙げている。

2.6.4 母音の無声化とアクセント

日本語のアクセントのない「イ」と「ウ」は、一般的に無声子音間では無声音に発音される。例えば「きつつき」は /kitsútsuki/ と発音され、「地下室」は /tɕikáɕitsu/ と発音される。高母音 /i/ と /u/ が無声母音になる。更にまた、「三菱」は /mitsúbiʃi/ と発音されるが、「三越」が /mitsukóɕi/ と高ピッチの位置が右の母音にずれるのは、無声母音を高ピッチで発音しても良く響かないためである。

日本語の高母音 /i, u/ が無声子音間で無声化するように、外来語も同様に無声化する。外来語の無声母音を見るまえに、日本語の無声母音化を見てみよう。無声化には一定の法則があるが、方言や個人によって差があるのが実情である。その意味では真面目に取り上げる研究課題ではないかもしれないが、一つの言語現象を知るうえでは、十分価値のある問題であると思う。

母音の無声化には次の3つの条件が考えられる。

(40) 無声化の条件
    a. 無声化する母音は高母音 /i, u/ であり、無声子音の間に位置する。
    b. 2音節連続して無声化が行なわれることはない。
    c. アクセント核が付与される母音は無声化しない。

(40a) の条件は声帯振動のない子音の間に声帯の振動のある母音が置かれる場合に、声帯の振動がなされないという無声同化現象である。問題はなぜ高母音が無声化されやすいかである。/i/ と /ɯ/ は舌と口蓋面が接近し、空気が狭い声道を通って発音される狭母音である。母音の中では最も共鳴性が低いので、共鳴性の非常に低い阻害子音の間に置かれたときに、無声同化されやすいためであろう。一方、低あるいは広母音の /a/ は、最も大きく口を開く母音であり、共鳴性が最も高く、無声化が起り難い。

(40a) の条件によって無声化する母音を見てみよう。次のデータは『アクセント辞典』からのものであり、○内の文字は母音の無声化したモーラを表わす。閉鎖音は破裂音と破擦音であり、[+] は二つの音素結合を表わし、[-] は音節境界である。

(41) 閉鎖音＋高母音－閉鎖音
　　アカツキ「暁」、アツカン「熱かん」、オカッピキ「おかっ引き」、キキコミ「聞き込み」、ソーサクカ「創作家」
(42) 閉鎖音＋高母音－摩擦音
　　アイドクシャ「愛読者」、アキサメ「秋雨」、アクサイ「悪妻」、キソチシキ「基礎知識」、キハク「気迫」、キヒン「気品」、ショーソクフメイ「消息不明」、ショクセイカツ「食生活」、クフー「工夫」、オーキサ「大きさ」
(43) 摩擦音＋高母音－閉鎖音
　　アシカケ「足かけ」、カヒツ「加筆」、シチイレ「質入れ」、シフク「私服」、シンシフクク「紳士服」、シュクハイ「祝杯」、ヒフカ「皮膚科」、ヒタイ「額」
(44) 摩擦音＋高母音－摩擦音
　　アシサキ「足先」、オスソワケ「おすそ分け」、ショーヒスイジュン「消費水準」、ショーヒブッカシスー「消費物価指数」、

タダシサ「正しさ」、タヤスサ「たやすさ」、ヒサイチ「被災地」、ヒシガタ「ひし形」、ヒショチ「避暑地」

『アクセント辞典』には指摘されていないが、無声子音＋高母音のモーラが語末に来る場合には、一般的に無声化が起る。これは語末の位置で声帯の振動が終わるので、高母音の後に無声子音があるのと同じ現象だからである。次の（45a）の語末母音に無声化が起っているにもかかわらず、（45b）の語末音が無声音にならないのは、その前の母音が無声化しているからである。このように通常、無声音節の連続は起らない。（45c）の語末高母音が無声音にならないのは、高ピッチだからである。（41）〜（44）にはピッチが高いのに無声化している語もあるが、語末では無声化しない。語末音は後に音声が続かないので無声子音の前にあるようなものだと言っても、実在する無声子音ほどの影響を与えていないことになる。次の [...] は無声化が起らなかった母音を表わす。

(45)　語末母音の無声化
　　a. ハシ「箸」、ハコビダス「運び出す」、ヒバチ「火鉢」
　　b. キソチシキ「基礎知識」、ミキキ「見聞き」、チカシツ「地下室」
　　c. アシサキ「足先」、カカシ「かかし」、クシカツ「串かつ」、
　　　 ダイガク「大学」

オヤシキ「お屋敷」やトクテン「特典」では「ク」と「シ」が高ピッチであるにもかかわらず無声音になるが、（45c）の語末の高母音は無声化していない。（45a）の語末母音の無声化は、声帯振動が後続していないからだと述べたが、無声子音の間の母音の無声化の方が、語末よりも強いことになる。語末の高ピッチの母音は、無声子音間にないので、本来の有声音に発音される。これは高ピッチ音では共鳴性が高くなるためである。

　（41）〜（44）は無声子音間の高母音が無声化するものであるが、次

の(46)と(47)のように無声化しない語も多い。『アクセント辞典』(p.8)によると、(47)の「ダシシブル」のように2種類のアクセントを示している語は、標準アクセントとして、よりふさわしいものを先にしている。また、「スシ」のようなかっこ内のアクセントは、二義的なものとして認められているものである。

(46) 摩擦音＋高母音－/h/
　　シハイニン「支配人」、シヒョー「指標」、シフー「士風」、
　　シヘイ「紙幣」、シホン「資本」、シュハンカク「主犯格」、
　　ヒハン「批判」、ヒヒョー「批評」、ヒフエン「皮膚炎」、
　　ヒホー「秘法」、フハイ「腐敗」、フハツ「不発」、フヒョー「不評」、
　　フホンイ「不本意」
(47) 摩擦音＋高母音－摩擦音
　　a. シシマイ「獅子舞」、スス「煤」、ススム「進む」、
　　　ダシシブル、ダシシブル「出し渋る」
　　b. シサツ「視察」、シサン「資産」、シシュンキ「思春期」、
　　　シスー「指数」、シセイ「姿勢」、シソーカイ「思想界」、
　　　スサム「すさむ」、スシ、(スシ)「鮨」、スシマイ「すし米」、
　　　スソハライ「すそ払い」、シサ「示唆」

(46)は高母音の後に /h/ が続く場合は、無声化しないというものである。これはモーラ境界を明確にするためであり、無声化すると /h/ の脱落により、二つのモーラが融合してしまうことがある。これは早口で言う場合に顕著に現れる。

(48) /çihainin/ → /çainin/　「シハイニン」→「シャイニン」
　　 /çiçoo/ → /çoo/　　　「シヒョー」→「ショー」
　　 /çihan/ → /çian/　　　「ヒハン」→「ヒアン」
　　 /ɸuhei/ → /ɸɯei/　　 「フヘイ」→「フエイ」

59

(47)の非無声化もモーラ境界を明確にするためであり、「シシ」、「スス」など同じモーラが連続する場合には、無声化すると単一の音節のように聞こえる。(47)は摩擦音間の母音の非無声化であって、イキキ「行き来」、ククル「くくる」、チチウエ「父上」、ツツク「突く」など閉鎖音間の母音は無声化する。これは閉鎖音は呼気の流れの一時閉鎖により、モーラ境界が認識できるためであろう。/h/ が削除されやすいのも摩擦音が前にある場合であり、(42)の「気迫」や「気品」では /h/ が発音されている。

　(44)の語には無声化が行なわれているのに、同じ摩擦音間の母音であるにもかかわらず、(47)では無声音に発音されない。(47)の非無声化には次の二つの条件が考えられる。

(49)　摩擦音間の非無声化の条件
　　a. 高母音をはさむ二つの子音は同じ音素である。(47a)
　　b. 高母音が語頭の音節にあり、二つの歯擦音に挟まれている。(47b)

　「シサ」の連続音を見ても、(44)のアシサキ「足先」、タダシサ「正しさ」の「シ」は無声音であり、(47)のシサ「示唆」、シサツ「視察」、シサン「資産」の「シ」は有声音である。無声化しないのは、ピッチの高さの違う「シ」と「サ」の境界を有声母音で明確にするためであろう。

　2音節連続の無声化はないと前に述べたが、更に詳しく見てみよう。二つの無声子音を調音法別に分けてみる。次の (50) ～ (53) の語は、高母音の無声化が連続して起る環境にあるのであるが、a は前の音節が無声化し、b は後の音節が無声化しているものである。

(50)　閉鎖音＋高母音－閉鎖音＋高母音－無声子音
　　a. クチコミ「口こみ」、クツヒモ、クツヒモ「靴ひも」、クップク

「屈服」、チクショー「畜生」、チチハハ「父母」、ツキカエス「突きかえす」、ツキキリ「突ききり」、ツクス「尽くす」、ツツク、ツック「突く」

b. ゾクチシュギ「属地主義」、タキツケル「焚きつける」、ナツクサ「夏草」、バクチク「爆竹」

c. カツキチ「カツ吉」、カクシキ「格式」（城生、1998：81）

(51) 閉鎖音＋高母音－摩擦音＋高母音－無声子音

 a. キシツ「気質」、キシュク「寄宿」、キフキン「寄付金」、クシカツ「串かつ」

 b. キフキン「寄付金」、キフコーイ「寄付行為」、クシクモ「奇しくも」、チシツ「地質」、チシキ「知識」、チシキカイキュー「知識階級」、トクシカ「篤志家」

(52) 摩擦音＋高母音－摩擦音＋高母音－無声子音

 a. フシクレ「節くれ」、フシチョー「不死鳥」

 b. シシツ、シシツ「資質」、シュッシキン「出資金」、シシュツ「支出」、シフク「私服」、ススキ「すすき［植物］」、ススケル、ススケル「煤ける」、フシテ「伏して」、ヒシツ、ヒシツ「皮質」、ヒフカ「皮膚科」、フフク「不服」

 c. スス＃ハキ「すす掃き」、スス＃ハライ「すす払い」（[#]は語境界）

(53) 摩擦音＋高母音－閉鎖音＋高母音－無声子音

 a. シキカン「指揮官」、シッチタイ「湿地帯」、シツケ「しつけ」、ヒキギワ「引き際」、ヒクツ「卑屈」、フチカガリ「縁かがり」、フキツ「不吉」、フクシュー「復習」

 b. カシツケ「貸し付け」、ブシツケ、ブシツケ「不しつけ」（c.f. シツケ「しつけ」）

 c. ニシキ＃ヘビ、ニシキ＃ヘビ「錦蛇」、イシキ＃カイカク「意識改革」

(50)〜(53) の例には、一つの語に2種類のアクセントを示している

ものがあるが、これは標準アクセントが2種類あって、よりふさわしいものを先に挙げてある。(『アクセント辞典』p. 8)

(50)〜(53)のaの例は、低ピッチである語頭の音節が無声化している。これは二つの無声子音間の高母音が低ピッチである場合に無声化する一般的な現象である。(50)の語は、例外なく(50a)では低ピッチの無声音節が語頭にあり、(50b)では無声音節が後にある。興味深いのは、城生が指摘している(50c)の広母音「カ」の無声化である。『アクセント辞典』では無声化していない。個人差があるためか、辞典の編集部が見落としたのか明らかではない。

(51b)は語頭の低ピッチ音節が無声化しない。(52)の語で語頭の無声化が起っているのは、(52a)の「フ」のみである。(52b)では、語頭の低ピッチ音節が無声化していない。摩擦音の連続では後ろの方が無声化しやすい。

(52c)は「スス」と同じ音節が続く語であるが、前の「ス」が無声化しないのは、同じ摩擦音が連続しているためであり、後の「ス」が無声化しないのは、高ピッチの語末の位置にあるためである。語境界[#]を挟んでは無声化が起らない。(53c)の「ニシキヘビ」は、「シキ」が高ピッチであるため、「キ」が無声音になるはずであるが、「ニシキ」の後に語境界があるので、「キ」の無声化は起らない。

摩擦子音の音節が無声化するのは、それが2番目にある場合であり、(53a,b)の例のように摩擦子音の音節が前にあり、閉鎖子音の音節が後ろにある場合には、(50)の例と同様、(53a)は語頭の音節が無声化し、(53b)では後ろの音節が無声化している。

次に(40d)の条件「アクセント核が付与される母音は無声化しない」について見てみよう。(54a)ではアクセント核のある音節は無声化していない。(54b)と(54c)にはアクセント核の音節に有声と無声の両方がある。

(54)　アクセント核の非無声化と無声化

a. カクス「隠す」、キフー、キフー、キフー「気風」、キフキン、キフキン、(キフキン)「寄付金」、ダイシホン「大資本」、ショーヒシャ「消費者」、ショーヒスイジュン「消費水準」、タダシサ、タダシサ「正しさ」、タノシサ、タノシサ「楽しさ」、チチ「父」、チチ、チチ「遅々（として）」、ヒシヒシ、ヒシヒシ「ひしひし」
b. キシャ、キシャ「記者」、シト、シト「使途」、シュクン、シュクン「主君」、チカ、チカ「地下」、チク、チク「地区」
c. キキ、キキ「危機」、キシャ、キシャ「貴社」、キチ、キチ「機知」、クク、クク「九九」、シュト、シュト「首都」、チキ、チキ「知己」

（54a）は（40d）の条件に従って、アクセント核の母音を無声化していない。（54b）と（54c）は2音節語であるが、本来の頭高アクセント型の語が、尾高アクセント型に変わったものである。一つの語に二つのアクセント型を示している場合、前の方がよりふさわしいアクセントであると前に述べたが、（54b）のよりふさわしいタイプは、アクセントシフトを行なった尾高型である。一方（54c）では、音節が無声化していても、従来の頭高アクセント型を変えないのをよりふさわしい型としている。アクセント核を後ろの音節へシフトすることへの抵抗がみられる。

次の（55a）は元来後ろから3番目のモーラにアクセント核のあるべき語であり、（55b）は元来後ろから4番目のモーラにアクセント核のあるべき語であるが、それぞれ左の音節へアクセント核が移動している。

(55) 外来語の左方アクセントシフト
    a. アーチスト→アーチス 'ártist'、アクション→アクション 'áction'、アクセス→アクセス 'áccess'、アクセル→アクセル 'accèlerátion'、アクティブ→アクティブ 'áctive'、エキストラ→エキストラ 'éxtra'、オークション→オークション 'áuction'、オーケストラ→オーケストラ 'órchestra'、カクテル→カクテル

63

'cócktail'、カスタム→カ̄スタム 'cústom'、キャピタル→キャ̄ピタル 'cápital'、キャプション→キャ̄プション 'cáption'、クラクション→クラ̄クション 'kláxon'、クリスタル→クリ̄スタル 'crýstal'、クリスチャン→クリ̄スチャン 'Chrístian'、コレクション→コレ̄クション 'colléction'、セレクション→セレ̄クション 'seléction'、タングステン→タ̄ングステン 'túngsten'、トロピカル→トロ̄ピカル 'trópical'、ハイビスカス→ハイビ̄スカス 'hibíscus'、フィクション→フィ̄クション 'fíction'、プロダクション→プロダ̄クション 'prodúction'
b. アクセント→ア̄クセント 'áccent'、アシスタント→アシ̄スタント 'assístant'、インスタント→インス̄タント 'ínstant'、ボクシング→ボ̄クシング 'bóxing'

　日本語のアクセント核シフトは右へであり、外来語では左へである。日本語ではなぜアクセント核が右へ移動するのかは筆者には明らかでないが、外来語の場合は、借用される言語（英語）のアクセントに近くするために、アクセント核を左に移動しているのであろう。(55) の例で、英語のアクセントの位置と同じでないのは、「エキストラ」、「オーケストラ」、「タングステン」と短縮形の「アクセル」ぐらいである。
　外来語では、無声モーラのアクセントを左に移動しているが、日本語のように右へ移動する場合もある。次のように3モーラ語では、語頭の無声モーラのアクセント核を左へ移動することができないので、右へ移動している。

(56)　外来語の右方アクセントシフト
　　　ス̄キン、ス̄トア、ス̄ペア、ス̄ペル、ス̄ピン、ス̄カル

　外来語にもアクセント核の移動しないものもある。次の (57a) は促音の音節にアクセント核が付与されたものであり、(57b) は英語のア

クセントの影響で随意的にアクセントの移動するものである。(57c)は複合語のアクセント規則によってアクセント核の付与されたものである。

(57) アクセント核の非移動
a. アウトプット、エロチック、オリンピック、ゴールキック、ドラマチック、ドルフィンキック、ロマンチック
b. クラシック、クラシック 'clássic'、ゴシック、ゴシック 'Góthic'、ゴシップ、ゴシップ 'góssip'、デモクラチック、デモクラチック 'dhmocrátic'、トピック、トピック 'tópic'
c. ダイニングキチン 'dining kitchen'、バックスキン 'buckskin'

アクセント核を引きつける度合いの強いのは、長母音・二重母音が最も強く、次に促音だと述べた。(57a) の促音の音節に付加したアクセント核が移動しないのは、前の音節が長母音・二重母音でないからである。(57c) は複合語であるが、アクセント核は後部要素の最初の音節に付く。複合語のアクセント核が移動していない。複合語のアクセントについては、次節で詳しく述べる。

2.6.5 複合語のアクセント

　外来語の複合語アクセントを論ずる前に、日本語の複合語アクセントを調べ、外来語との共通点について述べる。日本語の複合語のアクセント型は大きく分けて、後部要素の最初の音節にアクセント核の付与、つまり第1モーラが高ピッチになる型（A型とする）と、前部要素の最後の音節にアクセント核を付与する型（B型とする）がある。平板型もあるのであるが、ここでは問題としない。次の (58a) はA型であり、(58b) はB型である。A型の ［#］は語境界であり、B型の [+] は形態素境界である。次の例は、『アクセント辞典』の「付4．複合名詞の発音とアクセント」(170-202) に掲載されているA型、B型の表からのものである。

(58) 日本語の複合語アクセント
　　a. A型アクセント
　　　アイテ＃シ̄ダイ「相手次第」、ケンカ＃ア̄イテ「喧嘩相手」、
　　　サンギョー＃カ̄クメイ「産業革命」、ショクギョー＃フ̄ジン「職業婦人」、セイカツ＃フ̄ジョ「生活扶助」、ハカタ＃オ̄ビ「博多帯」
　　b. B型アクセント
　　　シューチャ̄ク＋エキ「終着駅」、タッキュ̄ー＋ブ「卓球部」、
　　　テンサ̄イ＋ジ「天才児」、マンゾ̄ク＋カン「満足感」、
　　　ミンシュ̄＋コク「民主国」

　A型とB型を語境界と形態素境界で区別しているが、二つの語の結合の強さを表わすものである。A型アクセントでは後部要素は他の語に結合することなく用いられる自由形態素である。一方、B型アクセントでは後部要素は前部要素に結合して語を形成する拘束形態素である。A型の後部要素は一人前にアクセント核が付与されているが、B型の後部要素にはアクセント核は付与されていない。A型は二つの語の添加とみなされるが、B型は二つの形態素で一つの語とみなされている。A型とB型の違いは、後部要素のモーラ数によっても大方見当がつく。3モーラ以上であればA型であり、2モーラ以下では通常B型である。後部要素が2モーラでも「セイカツ＃フジョ」や「ハカタ＃オビ」のようにA型アクセントを取るものがあるが、その数は少ない。B型アクセントの後部要素は拘束形態素であると述べたが、「駅」は自由形態素でもある。ここでは「終着駅」で1語とみなされている。

　複合語のアクセント核が無声音のモーラに付与されている場合、アクセント移動が行なわれる。次の語はA型複合語のアクセントの右移動であるが、(59a)では右移動の型をふさわしいアクセントとしているが、(59b)では無声音を高ピッチで発音する方をよりふさわしい型としている。(59c)は無声音の高ピッチを唯一のアクセントとするものである。

(59) A型のアクセントシフト
  a. コーツー＃キカン、コーツー＃キカン「交通機関」、
   シャカイ＃フクシ、シャカイ＃フクシ「社会福祉」、
   シューギョー＃キソク、シューギョー＃キソク「就業規則」、
   ニューガク＃シケン、ニューガク＃シケン「入学試験」、
   ユーコー＃キカン、ユーコー＃キカン「有効機関」、
  b. イッパン＃シツモン、イッパン＃シツモン「一般質問」、
   コーギョー＃チク、コーギョー＃チク「工業地区」、
   セイジ＃シキン、セイジ＃シキン「政治資金」、
   タイクー＃ヒコー、タイクー＃ヒコー「滞空飛行」、
  c. コーツー＃キセイ「交通規制」、シャカイ＃フッキ「社会復帰」

 A型複合語では、無声音のアクセント核を右に移動するのを見てきた。次のB型の複合語では、無声音のアクセント核は左の音節に移動している。(60a)は移動した型をふさわしいとするものであり、(60b)は無声音の高ピッチをふさわしいアクセントとするものである。(60c)は無声アクセント核の移動しないものである。

(60) B型のアクセントシフト
  a. コードク＋シャ、コードク＋シャ「購読者」、
   タイシャク＋テン、タイシャク＋テン「帝釈天」
  b. セイカツ＋キュー、セイカツ＋キュー「生活給」、
   セイサク＋ヒ、セイサク＋ヒ「制作費」
  c. ガラス＋キ「ガラス器」、ガラス＋キリ「ガラス切り」、
   ショキ＋チョー「書記長」

 B型複合語のアクセント核が右へ移動しないのは、A型と同じようには後部要素にアクセント核を持たせないためである。A型は右肩が高く、

B型は左肩が高いという特徴を保っているのである。

　外来語の複合語アクセントは単純である。後部要素の最初のモーラが高ピッチに発音される、いわゆるA型アクセントである。外来語と英語を並べてみると、二つの語が結合していることが良く分る。英語では、複合語の強勢は一般的に前部要素に付くのであるが、外来語のアクセントは日本語の規則を適用したものである。

(61)　外来語の複合語のアクセント
　　　カットイン 'cut in'、カットアウト 'cut out'、キックオフ 'kickoff'、キャッツアイ 'cat's-eye'、ジュニアカレッジ 'junior college'、ショットガン 'shotgun'、スタンドイン 'stand-in'、スナックバー 'snack bar'、タイムリミット 'time limit'、ダンプカー 'dump car、チューインガム（チューインガムもあり）'chewing gum'、トスバッティング 'toss batting'、ドリブルパス 'dribble pass'、トリプルプレー 'triple play'、トレーニングシャツ 'training shirt'、トレーラーバス 'trailer bus'、ファッションショー（ファッションショーもあり）'fashion shaow'、フェルトペン 'felt pen'、フォークロア 'folklore'、プラトニックラブ 'Platonic love'、ヘアトニック（ヘアトニックもあり）'hair tonic'、ホールインワン 'hole in one'、マジックアイ 'magic eye'、ロマンスグレー 'romance grey'（和製英語）、ワンマンカー 'one-man car'

(61)の「チューインガム」、「ファッションショー」、「ヘアトニック」のアクセントは、後ろから三つ目のモーラを含む音節にアクセント核を付与したものである。別の辞典を見て、アクセントの記述が異なっているのは良く目にすることであるが、『新明解日本語アクセント辞典』(2001)には、「フェルトペン」、「ワンマンカー」というアクセントが載っている。これらのアクセントは、複合語アクセント規則を適用

したものではなく、1語とみなして後ろから三つ目のモーラを含む音節にアクセント核を付与している。triple play が「トリプルプレー」、romance grey が「ロマンスグレー」と発音されないのは、前にも述べたが、play が「プレー」、gray が「グレー」と発音されないからである。

2.6.6 英語と同一のアクセント

外来語には、そのアクセント核の位置が、英語の強勢の位置と同じものが多くある。これまで述べてきたアクセント規則では説明できないものである。それらの語は、ほとんどが語頭の音節にアクセント核が付与されている。

英語と同じアクセントを取る外来語には、接尾辞の付加によるものがある。

(62) 接尾辞の付加
 a. -al の付加
  インターナショナル 'international'、カーニバル（カーニバルもあり）'cárnival'、コミカル 'cómical'、クリスタル 'crýstal'、シグナル 'sígnal'、センセーショナル 'sensátional'、ティピカル 'týpical'、パーソナル 'pérsonal'、フェスティバル 'féstival'、プロフェッショナル 'proféssional'、ラジカル 'rádical'、リベラル 'líberal'、ロジカル 'lógical'、オリジナル 'oríginal'

 b. -ing の付加
  オープニング 'ópening'、キルティング 'quílting'、クッキング 'cóoking'、ショッピング 'shópping'、ダンピング 'dúmping'、ドレッシング 'dréssing'、パーキング 'párking'、ハプニング 'háppening'、フェンシング 'féncing'、ランキング 'ránking'

 c. -ment の付加
  エレメント 'élement'、ステートメント 'státement'、トーナメント（トーナメントもあり）'tóurnament'、ドキュメント

（ドキュメントもあり）'dócument'、フィラメント 'fílament'、ムーブメント 'móvement'、モニュメント 'mónument'

(62) は、接尾辞の付加した語が外来語のアクセントに影響を及ぼしているのか、それとも接尾辞に関係なく英語のアクセントに従っているのかは明らかではないが、ある英語の接尾辞が外来語に一定のアクセントパターンをもたらしているのは確かである。「トーナメント」と「ドキュメント」は後ろから三つ目のモーラが高ピッチである。-ing の例外として「マーケティング」márketing がある。márket には「マーケット」(「マーケット」もあり) という発音があるのだから、「マーケティング」というアクセントがあってしかるべきであるが、『新明解日本語アクセント辞典』には新しいアクセントとして「マーケティング」の平板型が載っている。

英語の強勢の位置をそのまま外来語のアクセントの位置にしたと思われる語は多く、次のようなものがある。

(63) 英語と同一位置のアクセント

アクトレス 'áctress'、インパクト 'ímpact'、ウェイトレス 'wáitress'、エチケット（エチケットもあり）'étiquette'、エピソード（エピソードもあり）'épisode'、エレガント 'élegant'、エンジョイ 'enjóy'、オーロラ 'auróra'、オキシダント（オキシダントもあり）'óxidant'、カーペット（カーペットもあり）'cárpet'、ガイダンス 'gúidance'、カバレージ 'cóverage'、カラフル 'cólorful'、カレッジ 'cóllege'、コンサート 'cóncert'、サミット 'súmmit'、シノニム 'sýnonym'、スプレー 'spráy'、ソーセージ（ソーセージもあり）'sáusage'、ソネット 'sónnet'、チューリップ（チューリップもあり）'túlip'、テレビジョン 'télevision'、トイレット（トイレットもあり）'tóilet'、トニック 'tónic'、パラダイス 'páradise'、ハズバンド 'húsband'、パニック（パニックもあり）'pánic'、パラレル 'párallel'、ビジ

ネス 'búsiness'、フェスティバル 'féstival'、フェニックス 'phóenics'、プロペラ（プロペラもあり）'propéller、ミレニアム 'milléunium'、メッセージ 'méssage'、レトリック（レトリックもあり）'rhétoric'

　上の括弧内の代替アクセントは、「プロペラ」の平板型を除いて、すべて後ろから三つ目のモーラが高ピッチになっている。このパターンが外来語のアクセントとして最も基本的であることを表わしている。(63)の「スプレー」のアクセント核付与は、語末音節が長母音だからではなく、英語の長母音の位置に倣っていると考える。ちなみに、「ストロー」'straw'、「スクリュー」'screw' は語末の長母音にアクセントが付いていない。

　(63)の語のアクセントに関しては、本書では英語のアクセントの位置をそのまま外来語のアクセントに適用したと考えている。だからと言って、英語の強勢規則が外来語に適用されているということにはならない。英語と外来語は音節構造が異なっているからである。(62)と(63)の語は、アクセント位置が語頭にあることから、外来語のアクセントパターンは強弱型であるとも考えられようが、筆者には明言できない。確かに2音節語は、後で (67) にも挙げてあるが、英語の名詞と同じく、強弱型が基本形になっている。

2.6.7 短縮語のアクセント

　音節の構造やモーラ数だけでは外来語のアクセント位置が決められない語も多くある。その最たるものは平板型のアクセントを持つ語である。

(64) 平板型アクセント語
　　アメリカ、アリバイ、アルカリ、アルコール、イタリア、イベント、エナメル、オルガン、カシミア、ガソリン、カタログ、カトレア、キャラメル、ギロチン、サッカリン、サドル、ジュラルミン、

71

ジョギング、スタジオ、スライド、スライディング、ネーミング、バイパス、ピアノ、ブレンド、ヘディング、ボーリング、ボール、ミーティング、ミニチュア、ランニング

英語を短縮した形の外来語のアクセントを見てみよう。モーラ数が多いと平板型になり、モーラ数が少ないと起伏型（頭高型）になる傾向がある。4モーラ短縮語から見てみよう。4モーラ語は次のように平板型が多い。

(65) 4モーラ短縮語
　　　イラスト 'illustration'、インテリ 'intelligent'、イントロ 'introduction'、インフレ 'inflation'、エフエム 'FM, frequency modulation'、エンスト 'engine stop'、オフレコ 'off-the-record'、コンクリ 'concrete'、シーエム 'CM, commercial message'、ノンプロ 'non-professional'、ノンポリ 'non-political'、ジーパン 'jeans pants'、パソコン 'personal computer'、バーテン 'bartender'、ハンカチ（ハンカチもあり）'handkerchief'、ミスプリ 'misprint'、モノクロ 'monochrome'、リハビリ 'rehabilitation'、リモコン 'remote control'

4モーラ短縮語でも起伏型を取るものに、「アパート」'apártment'、「アレンジ」'arrángement'、「アクセル」'áccelerarion' などがある。英語の強勢の位置と同じ所にアクセントがある。
4モーラ短縮語は平板型が多いのであるが、3モーラ語になると平板型より起伏型が多くなり、2モーラ語になると起伏型になる。

(66) 3モーラ短縮語
　　a. 平板型：アニメ 'animation'、アルミ 'aluminum'、ダイヤ（ダイヤもあり）'diamond'、デフレ 'deflation'、パンク 'puncture'

b. 起伏型：コンビ 'combination'、コンパ 'company'、コンペ 'competition'、センチ 'centimeter'、テレビ 'television'、トイレ 'toilet'、パーマ 'permanent'、ポリス 'policeman'、マイク 'microphone'、ロース 'roast'

(67)　2モーラ短縮語
アジ 'agitation'、アマ 'amateur'、エゴ 'egoism'、エロ 'erotic'、コネ 'connection'、スト（ストもあり）'strike'、ゼミ 'seminar'、デマ 'demagogy'、デモ 'demonstration'、テロ 'terrorism'、ドル 'dollar'、ネガ 'negative'、ビル 'building'、プロ 'professional'、ミリ 'millimeter'、メモ 'memorandum'、ラボ 'laboratory'、レジ 'cash register'、ロケ 'location'

　窪薗のアクセント規則は、語末から3番目のモーラを含む音節にアクセント核を付与するものであるが、それは筆者が述べている語末から2番目の重音節に付与されるか、語末から2番目の音節が軽音節ならば、その前の音節に付与するものと同じである。英語の名詞の強勢については、小林（1996：77）が述べているように、語末の音節が短母音である場合、語末から2番目の音節が重音節であればそこに強勢が付き（aróma, aréna, coróna, horíson, Minnesóta）、語末から2番目の音節が軽音節であれば、その前の語末から3番目の音節に強勢が付く（América, aspáragus, ásterisk, ínterest, metrópolis）が、これは外来語のアクセント規則と似ている。

2.7　おわりに

　外来語は、日本語と英語の両面を兼ね備えた中間言語のようなものである。外来語と言っても日本語なのだから、日本語の音韻規則に従っているかと思うとそうでもない。外来語の発音には、正に外来語独自の音

韻規則が働いているのである。

　我々の外来語の発音は、時にはあいまいである。我々の生活に日毎、膨大な量の外来語が入り込んでいることもあろうが、我々自身、定まった規則を持っていないからである。

　外来語の発音は常に変化している。英語らしさへの変化が、今後更に進むとしても、外来語は日本語である。英語の音体系に淘汰されることはない。外来語が、英語らしさを見せながらも、基本的には日本語の音体系に順じた独自の道を進むのは、今後も変わらないだろう。

第3章 『研究社新英和大辞典』にある日本語の発音

3.1 はじめに

　本章と次章は、英語辞典の中の日本語が、どのように発音されているのかを述べるものである。ここでの日本語とは、外行語のことである。日本語の語彙が多く載っている辞書は『研究社新英和大辞典』第5版、第6版（2000、2002）（以下『研究社』）、『ジーニアス英和大辞典』（2001）（以下『ジーニアス』）、*Webster's Third New International Dictionary*（1993）（以下 *Webster*）、*The Oxford English Dictionary, Second Edition, CD, ver3*（2002）（以下 *OED*）、*Longman Pronunciation Dictionary*（2000）（以下 *LPD*）、*The Oxford Dictionary of Pronunciation for Current English*（2001）（以下 *ODP*）などがあるのであるが、本章では『研究社』に載っている語のみ取り上げることにする。『研究社』は本国で発行された英和辞典であるので、次章の第4章では外国で発行された英英辞典に載っている日本語の発音を調べ、両辞典の違いについて述べてみたい。

　本章の目的は、日本語の語彙が英語の辞書の中ではどのように発音されているのかを調べることにあるが、外国語である日本語の発音が、英語の発音規則に従ったものであるのか、外国語独自の発音規則によるものなのか、発音に日本語の特徴が見られるのか、アメリカ英語とイギリス英語の発音の違いが日本語にどのように表れているのかを見てみたい。

　『研究社』第5版の初版が1980年だったから、2002年3月に刊行

された第 6 版は 22 年振りということになる。本章ではまず第 5 版について述べて、次に第 5 版と第 6 版の違いについて述べることにする。

　両版に載せてある日本語とその発音を本章末に一括して記載した。米音を左に、英音を右に書いたが、『研究社』で米音と英音を区別して記述していないものは、米音と英音が同じ発音であるとみなし、米音と英音の中間にその発音記号を書いている。第 5 版では発音記号を [ ] で囲み、第 6 版では / / で囲んであるので、本章も両版を区別するために二つの記号を用いている。通常、単音 (phone) は [ ] で表わし、音素 (phoneme) は / / で表わすのであるが、一部の語を除いて、両版の発音には単音、音素の違いは見られない。音声記号の使用について、第 5 版では、「現在の言語学では個々の音は [ ] で囲み、音素は / / で囲んで示すのが慣行となっている」(p. XVI, 2. 音素) と [ ] を使用した理由について述べている。一方、第 6 版では、「ある言語において同じ音とされる「音素」を基にして発音を示す方式は「簡易表記」と呼ばれ、現在の言語学・音声学では / / で囲んで示すのが慣例である」(p. Xⅲ, 1. 米音と英音) と音素表記の趣旨について述べている。しかし、『研究社』第 6 版に載っている /dʒúːdoʊ/「柔道」、/kərúːṭi/「空手」の弾音 /ḓ, ṭ/ や、/íʃɪgóʳroʊ/「イシグロ・カズオ」、/tɛmpúʳrə/「てんぷら」の二重母音 /oʳ/ などは簡略記号ではなく精密記号である。両版を比べてみても、第 5 版での [ ] 記号を第 6 版で / / 記号に変えた趣旨がはっきりしない。

3.2　音節区分

　『研究社』第 6 版は、第 5 版全体から見れば、若干の修正が加えられたにすぎないものである。従って、まず第 5 版について述べ、その後で第 5 版と第 6 版との違いについて述べることにする。

3.2.1　第 5 版の音節区分

　音節の区切りについて『研究社』第 5 版には、「外国語の場合は必

ずしも英語の形によらず、その原語での切り方で示したものがある：Pi·noc·chio [pɪnákiòʊ; *It*. pinɔ́kkjo] *n*.」(p. x 凡例 1.2) と書かれてある。これは chio を [kioʊ] と 2 音節に発音する英語では、Pi·noc·chi·o のように区切るべきであるが、イタリア語の発音 [kjo] に従って chio を 1 音節にするというものである。同じようなことが英語辞書の中の日本語にも見られる。Ryukyu [ri(j)úːkjuː] Islands「琉球諸島」はその発音からは Ry·u·kyu と区切るべきであるが、Ryu·kyu と日本語の音節に区切られている。同様に tokyoite「東京都民」は、[tóʊkioʊàɪt]（米音）、[tóʊkɪəʊáɪt]（英音）と発音されるので、to·ky·o·ite と 4 音節に区分されるはずであるが、『研究社』では to·kyo·ite と 3 音節になっている。ちなみに *Webster* も tokyo/tokio [tóʊkiːòʊ] は to·kyo/to·kio と 2 音節に区分されている。また、『研究社』には Ryu·kyu [rjúːkjuː] と 2 音節区分の発音も記載されているが、to·kyo·ite の米音としての [tóʊkjoʊàɪt] という発音は記載されていない。英音として [tóʊkjəʊàɪt] が載っているのだから、米音としての拗音の発音 [kjoʊ] が辞典に載っても良いはずである。

　日本語の音節区分と発音を次の語で見てみよう。なお、(1c) の語の samurai は *Longman Dictionary of Contemporary English* (1993)（以下 *LDCE*）に載っているものである。

(1) a. ha·ra·ki·ri [hæ̀rəkíri]「腹切り」
　　b. sa·mu·rai [sɑ́ːmʊràɪ, sǽm(j)ʊràɪ]「侍」、Se·to [séɪtoʊ, sétoʊ]「瀬戸焼」、su·ki·ya·ki [sùːkijɑ́ːki, sòkijǽkɪ]「すきやき」
　　c. jin·rik·i·sha [dʒɪnríkʃɔː]「人力車」、sam·i·sen [sǽməsèn]「三味線」
　　　（*LDCE* に sam·u·rai [sǽmʊraɪ]「侍」あり）
　　d. dai·my·o [dáɪmiòʊ/dáɪmjoʊ]「大名」

　英語には、強勢のある音節は重音節（CVV, CVC）であり、強勢のない音節は軽音節（CV）であるという一般的な音節区分の原則がある。上記の (1) の語が音節区分の原則に従っているかどうか見て

みよう。(1a) は発音から見ると har·a·kir·i と区分されるべきであるが、日本語の仮名区分に従ったものである。(1b) はその発音から二通りの音節区分が考えられるが、日本語の仮名区分を重視したものである。例えば、英語辞書では [sɑ́ːmʊràɪ] の発音であれば sa·mu·rai と区分し、[sǽm(j)ʊràɪ] であれば sam·u·rai と区分するのが普通である。同様に Se·to と su·ki·ya·ki もその右に書いてある発音記号からは、Set·o と suk·i·yak·i に区分することも可能なのであるが、日本語の CV 音節に従っている。一方、(1c) の語は、原語よりもむしろ英語としての音節区分をしたものであり、このような例は少ない。なお、*LDCE* の samurai には、(1c) の発音記号しか書かれていない。また、rai には強勢が付いていない。(1d) の dai·my·o は英語の発音による音節区分であり、Ryu·kyu, to·kyo·ite のような原語による音節区分と矛盾する。更に「大名」には [dáɪmjoʊ] という発音もあることから、dai·myo と綴る方が、他の語との一貫性が見られる。

　日本語をヘボン式ローマ字で表わす場合に、tsu「ツ」は二つの子音が連なるが、これら子音群は二つで一つの音素なので、通常 t と s が分離されることはない。

（2）ne·tsu·ke [néts(ʊ)ki]「根付け」、zai·ba·tsu [záɪbɑːtsù]「財閥」

netsuke は ne に強勢があることから、英語の音節区分に従うと net·su·ke でも良いのであるが、日本語にならい tsu を一つの音節としている。ところが、tsu の音節区分に関しては、『研究社』が一貫性に欠けることが次の例から分かる。

（3）kat·su·ra [kǽtsərə]「カツラ［植物］」、sat·su·ma [sætsúːmə]「薩摩焼き」

（2）は日本語から見た音節区分であり、（3）は発音よりもスペリング

を見て区分しており、英語から見た音節区分である。「カツラ」は強勢のある母音が長母音であるため、ka·tsu·ra と区分するのが妥当のように思われる。発音と音節区分が一致していないのが英語辞典にある日本語の現象でもある。

　日本語に対する音節区分について結論付けると、原則的に原語（日本語）の音節区分に従うものであり、(1d) の dai·my·o や (1c) の sam·i·sen、あるいは ts の子音群を分離する (3) の kat·su·ra のように英語の規則に従うものは例外的である。

3.2.2　第5版と第6版の音節区分

　外国語である日本語の音節区分は、原則的に原語、つまり日本語の音節区分に従っている。日本語の撥音、拗音、促音を一つのモーラとして区分するのではなく、母音を含む単位を一つの音節として区分している。同様に二重母音も一つの音節境界として区分している。

（4）音節区分
　　a. 撥音：<u>ban</u>·zai「万歳」、<u>bon</u>·sai「盆栽」、<u>Shin</u>·gon「真言宗」
　　b. 二重母音：<u>gei</u>·sha「芸者」、<u>hai</u>·ku「俳句」
　　c. 拗音：hon·<u>cho</u>「班長」、<u>Ryu</u>·kyu「琉球」
　　d. 促音：<u>Is</u>·sei「一世」、<u>kak</u>·ke「脚気」

　一方、英語辞典に載っている日本語には、日本語のかな文字区分ではなく、英語の音節区分に従っているものも多い。次の発音記号の [　] は第5版、/　/ は第6版の発音であるが、両版とも同じ発音のものは第6版の発音記号を用いて表わしている。

（5）英語辞典の音節区分
　　a. 拗音
　　　　dai·my·o, dai·mi·o: [dáɪmiòʊ], [dáɪmjoʊ]（第5版）「大名」

79

/dáɪmjoʊ/, /dáɪmjəʊ/（第6版）
　　　　ry·u: /riú:/「流」（武道の流派）
　　b. <tsu> の音節区分
　　　　ju·jit·su: /dʒu:dʒɪtsu:/「柔術」, kat·su·ra tree: /kɑ́:tsərə tri:/
　　　　Sat·su·ma: /sætsú:mə/, /sǽtsʊmə/
　　　　　cf. ne·tsu·ke, tsu·tsu·ga·mu·shi「つつが虫」,
　　　　　　　zai·ba·tsu, shi·a·tsu「指圧」
　　c. その他
　　　　sam·i·sen: [sǽməsèn]（第5版）、/sǽməsèn/（第6版）
　　　　Ya·yoi /jɑ:jɔ́ɪ/「弥生式の」
　　　　　cf. 仮名文字：ko·i「鯉」
　　　　ha·bu·tai, ha·bu·tae /hɑ́:bətáɪ/「羽二重」

　(5a) は日本語の拗音を英語の発音から 2 音節に区分したものである。しかし、「大名」の発音が第 6 版では /dáɪmjoʊ/ の拗音だけが記載されており、第 5 版にあった [dáɪmiòʊ] という発音は削除されている。第 6 版にはその発音とは違って dai·my·o と音節区分されているが、発音からは dai·myo が正しい音節区分になる。dai·myo がないのは、第 5 版から問題であった。一方、Ryu·kyu「琉球」は、第 5 版では [ri(j)ú:kju:] と [rjú:kju:] のように ryu を 1 音節にする発音と 2 音節にする発音があるが、第 6 版では /ri(j)ú:kju:/　だけであり、拗音を 1 音節に発音する [rjú:kju:] は記載されていない。第 6 版の /ri(j)ú:kju:/ の発音からは、その音節区分が Ry·u·kyu となるべきなのであるが、原語の区分に従って Ryu·kyu のままである。これは /tóʊkioʊ/ が to·kyo と音節区分されているのと同様である。また、第 6 版に新しく加えられた ry·u /riú:/「流」は 2 音節語である。このことから、/dáɪmjoʊ/ の発音は例外的であり、第 6 版では拗音が消えつつあることを暗示しているように思われる。

　(5b) は、英語では子音群を二つの音節に分けることから、tsu を t と su に区分している例である。ne·tsu·ke「根付け」、tsu·tsu·ga·mu·shi「つ

つが虫」、zai·ba·tsu「財閥」や第6版で新しく加えられた shi·a·tsu「指圧」のように、t と su を分けない語もあり、第5版と同じく、第6版でも一貫性が見られない。

　(5c) の sam·i·sen の音節区分は英語の発音に従ったものであり、他に例が見られない。sa·mu·rai /sǽm(j)ʊràɪ/「侍」のように「三味線」を日本語の仮名単位に区切れないのは、第6版でも従来の古い音節区分を変えられないためであろう。(5c) の Ya·yoi のように yoi を1音節にするのは、英語の発音に従ったものである。日本語では ko·i のように o と i は別々の音節（拍）とみなされる。しかし、ko·i は英語辞典では /kóɪ/ と1音節に発音される。ya·yoi と ko·i は音節の分け方が異なっているにもかかわらず、両語共 oi は /ɔɪ/ と発音されている。2音節であれば /ko·i/ の発音は /kóʊi/ となるはずである。(5c) の「羽二重」を原語では habutae と読み、tae は2音節である。ところが英語辞典では tae を /taɪ/ と1音節に発音している。これはその発音に従ってスペリングが tai に変わり、1音節になったものである。原語通り ha·bu·ta·e と4音節に区切ると /hùːbətáːi/ と発音されるはずである。他の辞典で「羽二重」のスペリングを見てみると、*Webster* は habutae と habutai の二つが記載されているが、*OED* は habutai が主要語であり、代替スペリングとして habutaye, habutae が載っている。*ODP* のように、発音どおりに habutai しか記載されていないものもある。同じ現象として、第5版の ukiyo-e [uːkìːjo(ʊ)(j)éɪ]「浮世絵」と第6版の ukiyo-ye /ùːkioʊ(j)éɪ/ がある。[jéɪ] の発音から -e のスペリングが -ye に変わったものである。

3.3　アクセント付与

　「広島」のアクセントは hìroshíma と hiróshima の両方あるが、「長崎」は nàgasáki であって、nagásaki というアクセントはない。原語の発音では「ナガサキ」と「ガ」にアクセントがあるので、日本語へのアクセ

ント付与は、原語のアクセントに従っているとは言えない。どのようなアクセント付与規則が働いているのか見てみよう。

3.3.1 第5版のアクセント付与

　英語話者にとって外国語である日本語、つまり外行語のアクセントが、英語の強勢規則に順じているか見てみよう。日本語へのアクセント付与を論ずる前に、まず英語の強勢規則について簡単に述べ、日本語がその規則に順じているか見てみる。英語の名詞に主強勢規則を適用したものが（6）の語である。なお、C_0 は子音がゼロ個以上あることを意味し、C_0^1 は子音がゼロ個か1個あることを意味し、C_2 は子音が2個以上あることを意味する。

（6）英語の強勢
　　a. $\acute{V}C_0VC_0^1VC_0\#$: A·mér·i·ca [əmérıkə], as·pár·a·gus, ás·te·risk,
　　　　　　　　　cín·e·ma
　　b. $\acute{V}VC_0VC_0\#$: a·ré·na [ərí:nə], co·ró·na, ho·rí·zon,
　　　　　　　　Min·ne·só·ta
　　c. $\acute{V}C_2VC_0\#$: a·gén·da [ədʒéndə], ap·pén·dix, con·sén·sus,
　　　　　　　　sy·nóp·sis
　　d. $\acute{V}VC_0\#$: bar·ri·cáde [bærəkéɪd], ba·záar, ma·chíne,
　　　　　　　mag·a·zíne

　（6）の強勢付与規則は Chomsky-Halle（1968:70）（以下 *SPE*）の主強勢規則（Main Stress Rule）を名詞適用規則に書きなおしたものであるが、*SPE* で強勢が付けられる音節もやはり重音節である。(6d) の barricáde と magazíne は次の交替強勢規則（Alternating Stress Rule）によって語頭の音節に第1強勢が付与されるので、語末の強勢は第2強勢となる。barricade と magazine には交替強勢規則が随意的に適用されるが、次の（9）の語には必然的に適用される。

第3章 『研究社新英和大辞典』にある日本語の発音

（7）交替強勢規則（*SPE*:78）

　　　V　→　[1 stress] / ＿＿＿ C₀VC₀V̀C₀

（8）bárricàde ～ bàrricáde, mágazìne ～ màgazíne
（9）ánecdòte, húrricàne, mátadòr, níghtingàle, pédigrèe

　日本語へのアクセント規則も英語の規則に順じたものであるか見てみよう。まず、日本語で（8）と（9）の強勢規則が適用されていると思われる例を次に挙げてみる。

(10) 日本語の強勢
　　　a. V́C₀VC₀̀VC₀#: á·ke·bi [áːkə/ɪbɪ]「あけび」、
　　　　　　　　　　　 sát·su·ma [sǽtsʊmə]
　　　b. V́VC₀VC₀#: ka·rá·te [kərá:tɪ]「空手」、Yò·ko·há·ma
　　　　　　　　　　[jòʊkəhá:mə]「横浜」
　　　c. V́C₂VC₀#: rén·ga [réŋgə]「連歌」、Shín·gon [ʃíŋɑn]
　　　d. V́VC₀#: ha·bu·tái [hɑːbʊtáɪ]、
　　　　　　　　hi·ba·ku·shá [hɪbɑːkʊʃáː]「被爆者」

(11) 交替強勢規則
　　　ha·bu·tái → há·bu·tài、hi·ba·ku·shá → hi·bá·ku·shà

(10) と (11) のアクセントを見ると、日本語にも英語と同じ強勢規則が適用されていると思われる。しかし、日本語に適用される強勢規則は英語と同じものではなく、外国語に適用されるものである。筆者は (10d) の規則で語末の重音節に強勢が付与され、更に（7）で第1強勢が2音節前に移動する規則は、日本語には適用されていないと考える。英語話者は日本語のスペリングを見て、英語とは異なるアクセント規則を適用

83

しているのであるが、一方では、重音節に強勢を付与し、後ろから2番目の音節が強勢を取れない音節であれば、その前の音節に強勢を付与するという英語の原則は日本語に対しても適用している。

　本章では日本語へのアクセントは、そのスペリングから予想される音声に付与していると考える。従って、わずらわしい発音記号を省略して日本語のスペリング、つまりヘボン式ローマ字にアクセントを付与することにする。日本語では <a> と <o> は短母音であるが、アクセントが付く場合には [ɑː] と [oʊ] に発音されるので、重音節と見なされている。日本語への強勢規則は、例外も多いが大まかに次のようになる。なお、< > はスペリング、つまり書記素を表わしている。

(12) 日本語への主強勢規則
　　a. <VV> と <VN> の音節に強勢を付与する。
　　b. 後ろから2番目の音節に強勢を付与する。
　　c. 後ろから2番目の音節の母音が <a> か <o> でないなら、その前の音節に強勢を付与する。

(12a) の規則は、スペリングの上での重音節に強勢を付与するというものである。一方、(12b) によって、語末に第1強勢を取る語が少なくなる。(12b) によって後ろから2番目の音節にアクセントのある語が多くなると同時に、これは2音節語の強勢を強弱パターンにするものでもある。(12a) と (12b) の規則の間には矛盾する面があるが、そのことについては後で触れる。(12c) は後ろから2番目の音節が <i>, <u>, <e> であれば、その前の音節が強勢と取るというものである。英語話者はこれらの母音を強勢の付かない母音と考え、América [əmérɪkə] や cínema [sɪnəmə] と同様に後ろから3番目の音節に強勢を付与している。

　(12) の規則は (6) の英語の強勢規則に相当するものであるが、更に第1強勢を付与する (7) の交替強勢規則が日本語に必要であろうか。筆者は ha·bu·tái を há·bu·tài に、hi·ba·ku·shá を hi·bá·ku·shà に変え

る規則は日本語には適用されていないと考える。つまり、第1強勢は、2音節前に移動する交替強勢規則によって派生されるのではなく、(12)の強勢規則で付与されるとする。英語は強勢と弱勢を繰り返しリズムとする言語なので、第1強勢の2音節前あるいは後ろへ第2強勢を付与することによって、強弱強リズムを形成しているのである。日本語に第2強勢を付与する規則は次のようになる。

(13) 第2強勢付与規則

$$V \rightarrow [2\text{ stress}] / \begin{Bmatrix} \underline{\quad} \text{CV [1 stress]} \\ [1\text{ stress}] \text{CV} \underline{\quad} \end{Bmatrix}$$

(12) と (13) の規則が適用される語を見てみよう。(14) の [→] は第2強勢付与規則の適用を表わし、[S] は音節、[#] は語境界を意味する。また、強勢に直接関係のない頭子音は、次の強勢規則では省いてある。

(14) 強勢規則の適用
 a. <V́V>: ban·zái「万歳」、ki·béi「帰米二世」、Ni·séi「二世」、
   San·séi「三世」、Ya·yói、zái·ba·tsu → zái·ba·tsù
 <V́N>: ki·rín「麒麟」、pa·chín·ko「パチンコ」
 b. <V́>·S#: Bun·rá·ku「文楽」、ga·gá·ku「雅楽」、hi·bá·chi「火鉢」、
   ka·rá·te、ki·mó·no「着物」、kó·an「(禅宗の) 公案」、
   mi·ká·do「帝」、nun·chá·ku「[沖縄方言] ヌンチャク」、
   sa·tó·ri「悟り」、Shín·gon、shó·gun「将軍」、ta·tá·mi「畳」、
   tsu·ná·mi「津波」、i·ke·bá·na → ì·ke·bá·na「生け花」、
   ka·ke·mó·no → kà·ke·mó·no「掛け物」、ka·mi·ká·ze → kà·mi·ká·ze「神風」、
   sha·ku·há·chi → shà·ku·há·chi「尺八」、
   su·ki·yá·ki → sù·ki·yá·ki、

to·ko·nó·ma → tò·ko·nó·ma「床の間」、
Yo·ko·há·ma bean → Yò·ko·há·ma bean「[植物] ハッショ　ウマメ」

c. V́·<V>·S#: á·ke·bi、Bú·shi·do「武士道」、ká·tsu·ra tree、
né·tsu·ke、sá·shi·mi「刺身」、
dái·my·o → dái·my·ò、há·ni·wa → há·ni·wà「埴輪」、
hi·bá·ku·sha → hi·bá·ku·shà、
Ku·ró·shi·o → Ku·ró·shi·ò「黒潮」、
sá·mi·sen → sá·mi·sèn、tó·ri·i → tó·ri·ì「鳥居」

　(14a) は重音節に強勢が付与される例である。(14b) は後ろから2番目の音節に強勢が付与される例である。(14c) は後ろから2番目の母音が <i>, <e>, <u> であれば、その前の音節に強勢が付与される例である。1音節語 (bón「盆」、gó「碁」、tái「鯛」など) と最後の音節が <CV> である2音節語 (dó·jo「道場」、géi·sha「芸者」、há·bu「ハブ」、sá·ke「酒」、sú·mo「相撲」など) は、強勢の位置に議論の余地がないので、(14) には載せていない。

　(14a) の Sanséi のように CVC と CVV の音節が連なる2音節語では、CVV に優先的に強勢が付与されている。Sansei の発音は [sɑːnséɪ] なので、その発音からは超重音節の CVVN に強勢が付くはずである。このことからも (12) の主強勢規則がスペリングに適用される規則であることが分かる。(14a) の záibatsu は規則 (12b) よりも (12a) を優先したものであり、pachínko は、chin が <CVN> であるので規則 (12a) を (12c) に優先した強勢である。(14b) の kóan、shíngon、shógun は語末が CVN の重音節であるが、強勢は前の音節に付いている。これは2音節語は、語末が CVV でない限り強弱パターンを取ることを示している。なお、(14a) の kirín が弱強パターンなのは、<ki> の <i> が第1強勢の付与され難い母音だからであろう。この発音が [kaɪrɪn] であれば、アクセントは káirin となる。

OED に [kuːroʃíːwo]「黒潮」という発音が載っているが、『研究社』では例外的であり、[kʊróʊʃiòʊ] が正しい。『研究社』に載っている (14c) の語は、英音の [búːʃiːdəʊ]「武士道」の [iː] 以外は後ろから 2 番目の母音がすべて短母音である。このことから、(12b) を「後ろから 2 番目の重音節に強勢を付与する」とする方が、英語の強勢規則と共通性があって好ましいとも言えよう。しかし、『研究社』にはないが、*Webster* や *OED* では後ろから 2 番目の強勢を取らない <i> と <u> が長母音に発音される語がある。

(15)　nétsuke「根付け」：研究社 [néts(ʊ)ki],　　OED [nétsuːkeɪ]
　　　dáimyo「大名」：　研究社 [dáɪmɪóʊ],　　Webster [dáɪmiːòʊ]
　　　tórii「鳥居」：　　研究社 [tóːriː],　　　Webster [tóʊriːìː]

(15) の例は、開音節（CV）が重音節に発音されるという英語の一般的な原則に適ったものである。特に顕著に表れるのが語末の開音節である。

二つの強勢パターンを取る語も次のように多い。

(16) 二つの強勢パターンのある語
　a. (12a) と (12b) の適用
　　bonsái 〜 bónsai、Nip·pán 〜 Níp·pon「日本」
　b. (12a) と (12c) の適用
　　sa·mu·rái → sà·mu·rái 〜 sá·mu·rai → sá·mu·rài
　c. (12b) と (12c) の適用
　　ka·bú·ki 〜 ká·bu·kì「歌舞伎」、sát·su·ma 〜 sat·sú·ma、
　　sep·pú·ku 〜 sép·pu·kù「切腹」、tem·pú·ra 〜 tém·pu·ra
　　[témpərə] → tém·pu·rà [témpərù:]「てんぷら」、
　　tsù·tsu·ga·mú·shi 〜 tsù·tsu·gá·mu·shi

(16a) の bónsai と Nípon の強勢は、語末の音節が重音節であっても、2音節名詞では英語の récord や próject のように強弱パターンになる傾向があることを示している。(16b) の sámurai は、語末が CVV 音節であるので、本来ならば語末に第1強勢があるはずである。語末の脚韻 (ai) を強勢の対象からはずすのは、英語の韻律外性（extrametricality）の考え方に似ているが、これは (12a) の規則よりも (12c) の規則を優先しているためである。sámurai や hábutai のような3音節語にこの傾向が見られる。(12) の三つの規則の適用優先順位は、一般的には (a)，(b)，(c) であるが、語によっては優先順位が変わることがあるのが (16) の例から分かるであろう。

　(16c) の語は、後ろから2番目の母音が <u> のものである。このことから (12c) の「...<a> か <o> でなければ、...」を「...後母音でなければ、...」と <u> を含む規則に変えた方が良いとする考えもあるであろう。しかし、後ろから2番目の母音 <u> に全く強勢の付与されない語も nétsuke, hábutai, hibákusha, sámurai のようにある。従って、<u> については、強勢が付くこともあるということになる。以上のことから強勢付与の優先順位を示すと、概して次のようになるであろう。

(17) 強勢付与の優先順位

　　VV > VN > a , o > u > i, e

(17) の母音の優先順位は、<e> を除けば音の聞こえ度と一致する。英語の feed [fi:d] と food [fu:d] を比べてみると、[i:] よりも [u:] の方が聞こえ度が高い。<e> は <u> よりも聞こえ度が高いにもかかわらず強勢が付かず、ákebi[ǽkəbi:] のようにあいまい母音に発音されている。『研究社』には例が少ないので Webster の発音を見てみると、ákeki [ǽkəki:]「ヒバ」、Sásebo [sǽsəboʊ]「佐世保」のように3音節語ではあいまい母音になっている。子音間の後ろから2番目の <e> は、英語

話者には /ɛ/ ではなくて、/ɪ/ あるいは /ə/ と認識されているのであろう。このことから <e> は一番強勢の付きにくいスペリングとなっている。なお、聞こえ度の概念は、Ladefoged（1975：220）による。

　ここで多少話がそれるが、(17) の強勢付与の優先順位が、日本語の母音の聞こえ度と必ずしも一致していないことを述べよう。弘前方言を見ながら、音節や母音とアクセントの関係を見ていく。次の (18) は、2音節語のアクセント移動を表わしている。母音に付いている [*] はアクセント核を表わす。

(18) 弘前方言の2音節語のアクセント
　　a. VV#: ba*ree → baree*「バレー」、ha*wai → hawa*i「ハワイ」
　　　　　　ka*rei → kare*i「鰈」
　　b. VN#: *mikan → mika*n「みかん」、*nishin → nishi*n「鰊」、
　　　　　　*seken → seke*n「世間」
　　c. <a>#: a*sa → asa*「朝」、*ima → ima*「今」、ka*ma → kama*「鎌」
　　d. <o>#: ku*mo → kumo*「雲」、ne*ko → neko*「猫」
　　e. <e>#: a*me → ame*「雨」、a*se → ase*「汗」、ka*me → kame*「亀」
　　f. <i/u>#: a*yu「鮎」、ha*shi「箸」、he*bi「蛇」、se*ki「堰」、sa*ru「猿」、
　　　　　　su*su「煤」

(18a,b) は、重音節にアクセントが付与されている例であり、(12a) の規則と似ている。(18c,d,e) では <a,o,e> のように開口母音にアクセントが付与され、(18f) では <i,u> のような閉口母音にはアクセントが付与されないことを示している。母音の開口度と聴覚認知レベルについて、城生 (1998：79) は、母音の聴覚情報処理には次のような階層差が存在していると述べている。

(19) ア＞オ＞エ＞イ＞ウ

89

(19) の階層は、聞こえ度とほぼ一致するものである。城生（1998：78）によると、「ウ」が聴覚印象レベルで最も「暗い、または鈍い音」であり、「小さい音」である。そのことから、aisukuriimu 'icecream'「アイスクリーム」のような外来語の挿入母音として、<u> が一番多く選ばれていると言えよう。低ピッチの高母音は、[ku̥suri]「薬」、[ki̥sen]「汽船」のように、無声子音の間では無声化するが、『研究社』には [nétski]「根付け」、[skijá:ki]「すきやき」のように [u] を発音しない音声表記もある。英語話者にとっては、無声音の [u] は削除した方が発音しやすいし、無いように聞こえるのであろう。(17) と (19) の階層を比べてみると、英語辞典の中の日本語の発音は、基本的には重音節と聞こえ度による英語の発音規則によると言える。

弘前方言の3音節語のアクセントを見てみよう。次の [S] は語末の音節を表わす。

(20) 弘前方言の3音節語のアクセント
 a. VV#: okug̊ai → okug̊ai「屋外」、oku̇nai → okunȧi「屋内」、
    tatem̊ae → tatem̊ae「建て前」、terȧnai → teranȧi「手習い」
 b. VN#: kageẓen → kagezėn「陰膳」、kakeẓan → kakezȧn「掛け算」、
    suẓuran → suzurȧn「すずらん」、taku̇an → takuȧn「たくあん」
 c. <a,o>S#: ȧsahi → asȧhi「朝日」、hȧtachi → hatȧchi「二十歳」、
    *inochi → inȯchi「命」、*iraku → irȧku「イラク」、
    *jikoku → jikȯku「時刻」、kȧrasu → karȧsu「烏」、
    sȧzae → sazȧe「さざえ」、tsu̇baki → tsubȧki「椿」
 d. <i,u>S: *ȧjia「アジア」、*ȧuto「アウト」、kȧiko「蚕」、kȧbuto「兜」、
    su̇mika「住処」、zȧkuro「ざくろ」、
 e. <V>S#: mȯmiji → momi̇ji「紅葉」、tȧnuki → tanu̇ki「狸」

(20a~d) を見る限りでは、3音節語も2音節語と同じく、開口母音に

アクセントが移動しているのであるが、(20e) の語では <i,u> の閉口母音にアクセントが付いている。これは弘前方言には、3音節以上の語に対して、(12b) のように後から2番目の音節にアクセントを付与するという規則が働いていると考えられる。もしそうであれば、弘前方言のアクセント付与には、(12) に挙げた日本語への主強勢規則と同様の規則が適用していることになる。

　話を英語辞典の中の日本語の発音に戻そう。規則 (12) が適用されず、例外と思われる語に次のようなものがある。

(21) a. cha·no·yú → chà·no·yú「茶の湯」、
　　　　u·ki·yo-é → u·kì·yo-é「浮世絵」
　　b. Ya·má·to-e → Ya·má·to-è「大和絵」
　　c. chó·ro·gi → chó·ro·gì [tʃɔ́ːro(ʊ)gìː]「[植物] チョロギ」、
　　　　ró·ma·ji「ローマ字」、wá·sa·bi「[植物] ワサビ」
　　d. ítai-ítai「イタイイタイ病」、súkiyáki [súːkɪjǽkɪ]（英音）
　　e. há·bu·tai → há·bu·tài

(21a) の chànoyú は「茶の」と「湯」に分けたのであろう。ちなみに *Webster* には chánoyù と chànoyú の二つのパターンがある。ukìyo-é も「絵」の前にあるハイフンの境界から、二つに分けたと考えられる。そうすると、今度は (21b) の Yamáto-è の説明が難しくなる。一貫性はないが、Yamáto-è「大和絵」の方は Yamáto「大和」という既存の固有名詞があり、それに -e「絵」が付加して新しい語が形成されたと考える。(21c) の rómaji は英語 Rome への類推であろう。chórogì と wásabi は、原語のアクセント「チョロギ」、「ワサビ」に従ったものであろう。(21d) の ítai-ítai と súkiyáki は、強弱パターンを取ったものである。ちなみに、第6版には sùkiyáki のアクセントしか載っていない。(21e) の há·bu·tai は前にも述べたが、語末の重音節に第1強勢を付与していない。

日本語への音節区分は、原則的に仮名文字に従っていると述べたが、強勢付与も原語のスペリングに対して行なっている。スペリングと言っても、英語話者が文字から認識するのは英語の音声であるので、スペリングと音声とのつながりが問題となる。英語話者が入力とするのは原語のスペリングであるので、出力となる音声は、発音の原則に適う限り正しいものと認識される。次に『研究社』の ikebana「生け花」と sukiyaki「すき焼き」の発音記号を挙げてみる。

(22) a. ikebana [ikeɪbá:nə], [ì:keɪbá:nə], [ìkəbá:nə], [ìkɪbá:nə]
　　　b. sukiyaki [skijá:ki], [sòkɪjǽkɪ], [sòkijá:ki], [sù:kɪjǽkɪ],
　　　　　　　　 [sù:kijá:ki], [sòkɪjá:kɪ]

上に挙げた発音の他に、[ì:kəbá:nə], [ì:kɪbá:nə] や [skijǽkɪ], [sù:kɪjǽki] のように、その他いろいろな発音が英語話者によって発せられるであろう。それらが英語の規則に適った発音であれば、すべて正しいことになる。以上のことから、日本語への強勢付与と発音は、原語のスペリングを入力としていると言える。

3.3.2　第5版と第6版のアクセント付与

　前節3.3.1で、日本語のアクセント付与には、「日本語への主強勢規則」と「第2強勢付与規則」が適用されることを述べた。ここに再度挙げてみる。

(23) = (12)　日本語への主強勢規則
　　 a. <VV> と <VN> の音節に強勢を付与する。
　　 b. 後ろから2番目の音節に強勢を付与する。
　　 c. 後ろから2番目の音節の母音が <a> か <o> でないなら、その前の音節に強勢を付与する。

(24) = (13) 第2強勢付与規則

$$V \to [2\ stress] / \begin{Bmatrix} \_\_\_ CV\ [1\ stress] \\ [1\ stress]\ CV\ \_\_\_ \end{Bmatrix}$$

上の二つの規則は、(14) にも挙げてあるが次のように適用される。

(25) 強勢規則の適用
   a. <V́V> : Ki·béi「帰米二世」、Ya·yói、
      zái·ba·tsu → zái·ba·tsù
      <V́N> : ki·rín、pa·chín·ko
   b. <V́>·S# : ga·gá·ku、ki·mó·no、
      sha·ku·há·chi → shà·ku·há·chi
   c. <V́>·<V>·S# : á·ke·bi、né·tsu·ke
      hi·bá·ku·sha →　hi·bá·ku·shà

　(23) 〜 (25) はすでに述べた第5版のものであるが、アクセントの付与が第5版と第6版で変わった点について述べてみよう。主強勢規則 (23b) は後から2番目の音節にアクセントを付与するものであり、(23c) は後から2番目の音節が高母音の場合は、その前の音節に強勢を付与するものである。(23c) の規則が適用される強勢パターンと適用されない強勢パターンの二つのパターンを持っている語も多い。次の語は、語末第2音節が高母音のものである。

(26) 語末第2音節高母音のアクセント
   a. ai·kí·do「合気道」(第6版)
   b. Bú·shi·do (第5版)
      Bú·shi·dò (第6版米音)、Bu·shí·do (第6版英音)
   c. hi·bá·ku·shà (第5版)
      hì·ba·kú·sha (第6版米音)、hi·bá·ku·sha (第6版英音)

93

  d. sá·shi·mi（第5版）
   sa·shí·mi（第6版）
  e. sép·pu·ku ～ se·pú·ku（第5版）
   se·pú·ku（第6版）
  f. A·kí·ta「秋田犬」、Ì·shi·gú·ro「イシグロ・カズオ」、
   No·gú·chi「ノグチ・イサム」、
   Su·zú·ki method「鈴木バイオリン教育法」（以上第6版）
  g. Ni·séi、San·séi（第5版）
   Ní·sei（第6版米音）、Sán·sei（第6版）

（26a）～（26d）の語は、第6版では第1強勢が語末第2音節に付与されているものであり、（26f）は第6版に新しく載っている語である。（26b）～（26e）の第5版の語で、語末第2音節に強勢があるのは se púku のみである。（26f）は固有名詞ではあるが、強勢は語末第2音節にのみ付いている。このことから、第5版では（23c）の規則が（23b）の規則に優先していたが、第6版では（23b）が（23c）に優先していると言える。（26g）は2音節語であるが、第6版では（23a）よりも、英語の2音節名詞強勢パターンを適用している（fémale、páttern、réport など）。

 以上のように第6版では語末第2音節にアクセントを付与する語が増えているのであるが、他の英語辞典のアクセントを見てみよう。

(27) a. *OED*：búshido
   Webster：búshido
   ODP：búshidò（米音）、bushído（英音）
   LPD：Búshidò（米音）、Bushído（英音）
  b. *OED*：sáshimi
   Webster：sáshimi
   ODP：sashími（米音）、sáshimi（英音）

　　　　　　LPD : sashími

　(27) の例から、OED と Webster は第5版のように語末第3音節に強勢を付し、ODP と LPD は第6版のように語末第2と第3音節に強勢を付している。ODP (First published 2001) と LPD (First published 1990) が、OED と Webster に比べれば新しい辞典であるということから、語末第2音節強勢の傾向は、第6版に見られるように増大していると言える。
　ちなみに、262安打を打って大リーグ新記録を達成した「イチロー」は [ítʃɪròʊ] と呼ばれている。これは第5版の発音である。一方ヤンキースの「松井」は [mætsúi] と語末第2音節の高母音に強勢が付いている。
　語末音節に第1強勢の付与される語が、第6版に三つ見られる。他の辞典と比べてみよう。

(28) 語末音節のアクセント
　　a. Bú·shi·dò（第5版）、Bù·shi·dó（第6版英音）
　　　 Bù·shi·dó ODP（英音）、LDP（英音）、『ジーニアス』（英音）
　　　 Bú·shi·dó『ジーニアス』（米音）
　　b. Ya·má·to·è（第5版）、
　　　 Yà·ma·to·é（第6版米音）、Ya·má·to·è（第6版英音）「大和絵」
　　c. zái·ba·tsù（第5版）、zài·ba·tsú（第6版）、
　　　 zai·bá·tsu OED, ODP
　　　 zái·ba·tsú『ジーニアス』

(28a) の Bùshidó のように語末の音節に第1強勢を置く発音が英音にあるが、英音でも Bushído の方が主な発音である。LPD では、主要な発音（main pronunciation）と代替発音（alternative pronunciation）を明記しているので参考になる。他の辞典でも、二つの発音記号が載っている場合には、一般的に最初のものが主な発音であるから、英音は Bushído が主なアクセントであり、Bùshidó は2番目に聞かれる発音と

いうことになる。一方、『ジーニアス』は、záibatsú も含めて、語末に第 1 強勢を置く発音だけを記載している。この傾向は第 6 版にも言える。*OED* と *ODP* は zai·bá·tsu が一般的なのか、第 6 版の zàibatsú が多く聞かれるのか筆者には確かなデータがないので分らないが、zài·ba·tsú のように語末の音節に第 1 強勢のある語は例外的である。

(28b) の Yà·ma·to·é のアクセントは、第 6 版米音の代替発音である。語末の <e>「絵」に主強勢を付与するのは、「大和」の「絵」という意味だからであって、ù·ki·yo·yé「浮世絵」、chà·no·yú「茶の湯」と同じ強勢パターンになる。同様に、Bùshidó も「武士の道」の意味で「道」が主要形態素だと考えられる。

Ya·má·to は *OED* と *Webster* では <ma> に強勢が付いているが、Yà·ma·to·é のように <e> が付加すると、強勢が <ya> に移動している。第 5 版と第 6 版の強勢位置の違いを見てみよう。(29d,e) の強勢は『研究社』からのものではない。

(29) リズムの変化
    a. u·kì·yo·é（第 5 版）→ ù·ki·yo·é（第 6 版）
    b. Ya·má·to·è（第 5 版）→ Ya·mà·to·é → Yà·ma·to·é（第 6 版）
    c. Yò·ko·há·ma béan（第 5 版）→ Yó·ko·hà·ma béan（第 6 版）
    d. Salvàtion Ármy → Sàlvation Ármy,
       transìstor rádio → trànsistor rádio
    e. Mìssissíppi Ríver → Míssissìppi Ríver

(29a,b) の例は、弱強弱強のパターン（第 5 版）から、強弱弱強パターン（第 6 版）へのリズム変化を表わしている。強弱弱強パターンは全体から見ると強弱強パターンである。このパターンの変化はより良いリズムへの変化であり、(29c) の英語の例のように、リズム規則（Rhythm Rule）(Liberman & Prince 1977, Kiparsky 1979, Hayes 1984, etc.) の適用されたものである。外来語である日本語に、英語の規則を適用するようになっ

た例であるが、ゆっくり話す場合のが第5版で、速く話す場合のが第6版のリズムである。普通のスピードで話す際には、ukìyoé の <yo> や Yamàtoé の <to> がアクセントのある音節の谷間になる強弱強リズムよりも、ùkiyoé や Yàmatoé のように二つの音節が弱になり、語全体として強弱強パターンになる方が好リズムなのである。

　余談になるが、2002年のサッカーのワールドカップが日本と韓国で開催されたが、その際、両国名を英語で表わすのは Korea-Japan と Japan-Korea のどちらが韻律上良いのであろうか。Koréa-Japán /kərí:ədʒəpǽn/ はアクセントのある音節の間に二つの軽音節があり好いリズムになっている。一方、Japán-Koréa /dʒəpǽnkərí:ə/ はアクセントのある音節の間に一つの軽音節しかなく、句全体としては強弱がはげしい。Jápan-Koréa /dʒǽpənkərí:ə/ も好リズムであるが、Japán /dʒəpǽn/ とはアクセントも発音も変わってしまう。Koréa-Japán は ùkiyoé や Yàmatoé とリズムが似ている。(29c) の語のアクセントは、『研究社』では Salvátion Ármy, transístor rádio であり、リズム規則が適用されていない。全体を名詞句と捉えるよりも、二つの語の結合と見なしている。また、Yókohàma béan のリズムは Míssissìppi Ríver と同じである。

3.4　発音

　英語辞典の中の日本語の発音は、大方、その母音にアクセントがあるかどうかによって決まってしまう。大方という意味は、日本語の音節が、CVの開音節であるため、強勢のない母音でありながら長母音になることがあるからである。また、米音と英音の発音にも若干の違いが見られる。まずどのような発音規則が日本語に適用されているかを調べ、続いて米音と英音の発音の違いから両言語の特徴について述べていく。

3.4.1　アクセントと発音

　アクセントのある母音が、長母音あるいは二重母音に発音され、アク

セントのない母音が短母音に発音され、更にアクセントのある母音でも子音群の前の母音が短母音に発音されるのは、英語の一般的な規則である（*SPE* p.78）。日本語に英語の強勢規則が適用されているのか見てみよう。まず最初に、重音節に強勢の付与されている語を挙げよう。例はすべて第6版からのものである。特に米音、英音の明記のない発音は、米音、英音の両音に共通のものである。

(30) 重音節への強勢
　　a. 開音節
　　　Bú·shi·do /bú:ʃɪdòʊ/（米音）、Bu·shí·do /bʊʃí:dəʊ/（英音）、
　　　ka·bú·ki /kəbú:ki/、ká·bu·kì /kú:bʊkì:/（米音）
　　　Sat·sú·ma /sætsú:mə/「ウンシュウミカン」、
　　　tem·pú·ra /tɛmpú:'rə/（米音）、/tɛmpúərə/（英音）
　　b. 閉音節
　　　hón·cho /hɑ́(:)ntʃoʊ/（米音）、/hɔ́ntʃəʊ/（英音）、
　　　ín·rou /ínroʊ/（米音）、/ínrəʊ/（英音）「印籠」、
　　　rén·ga /réŋgə/、Sát·su·ma /sǽtsʊmə/、tém·pu·ra /témpʊrə/（米音）、
　　　/témpərə/（英音）

上の例では、強勢のある母音が長母音に発音され、強勢のない母音は短母音に発音されている。第6版にはこの傾向の見られる語が、次のようにいくつかある。

(31) 非強勢短母音
　　a. Búshidò [bú:ʃi:dòʊ]（第5版英音）→ /bú:ʃɪdòʊ/（第6版米音）、
　　　Bu·shí·do /bʊʃí:dəʊ/（第6版英音）
　　b. fúji [f(j)ú:dʒi:]（第5版）→ /fú:dʒi/（第6版）「富士絹」
　　c. nuncháku [nu:ntʃá:ku:]（第5版）→ /nʌntʃá:ku:/（第6版）

（31）の例を見る限りでは、第6版では長母音に強勢が付き、短母音には強勢が付かないように修正されたように思われるが、そのような語は少なく、ほとんどの語は第6版でも母音の性質は変わっていない。それとは逆に、非強勢母音であるにもかかわらず、第6版で長母音に発音されるようになった語も次のようにある。

(32) 非強勢長母音
  a. shíngon [ʃíngɑn]（第5版米音）→ /ʃíŋgɑ(:)n/（第6版米音）
  b. shógun [ʃóʊgən]（第5版米音）→ /ʃóʊguːn/（第6版米音）
     [ʃɔ́ʊgən]（第5版英音）→ /ʃɔ́ʊguːn/（第6版英音）
  c. tsunámi [tsʊnáːmɪ]（第5版英音）→ /(t)suːnáːmi/（第6版米音、英音）

(32)のように第6版で長母音に修正された語もあり、第6版で母音の長さについて大幅な修正があったとは言いきれない。外来語に対して、ある面では強勢のない母音を短母音に発音するという英語の音韻規則を適用しながら、他の面では母音をはっきりと発音して原語の音韻的特徴をも表わしている。

　第5版と第6版で異なる母音の発音の一つに語末の <i> がある。語末の <i> は、第5版では一般的に米音は [i]、英音は [ɪ] と区別されていたが、第6版では米音、英音共 /i/ になっている。第6版で英音を /i/ に変えたのは、語末では緊張母音になる英語の規則を適用したためと、[ɪ] よりも /i/ の発音の方が日本語に近いためであろう。<i> の発音を『研究社』と他の辞典で見てみよう。

(33) 語末 <i> の発音
  a. akebi [ɑ́ːkəbi]（第5版米音）、[ɑ́ːkɪbɪ]（第5版英音）
    /ɑ́ːkəbi/（第6版米音、英音）
  obi [óʊbi]（第5版米音）、[ɔ́ʊbɪ]（第5版英音）
    /óʊbi/（第6版米音）、/ɔ́ʊbi/（第6版米音）「帯」

b. obi /ˊoʊbi/ *OED*, /ˊoʊbi/ ~ /ˊoʊbɪ/ *Webster*, /ˊoʊbi/ *ODP*, /ˊoʊbi/ *LPD*

(33) の例から、強勢のない語末の <i> は、最近の辞典では [i] と表記されていると言えよう。語末の母音の発音をアクセントのある場合とない場合で見てみよう。次の語で特に英音の明記のないのは米音である。

(34) 語末強勢母音
    a. <i># → /iː/: chórogì /tʃɔ́ːroʊgiː/、tóriì /tɔ́ːriiː/
    b. <u># → /uː/: chànoyú /tʃɑ̀ːnoʊjúː/、ryu /riúː/
    c. <e># → /eɪ/: nétsukè /nétsʊkèɪ/、ùkiyo-yé /ùːkioʊ(j)éɪ/
    d. <o># → /oʊ/（米音）: Búshidò /búːʃɪdòʊ/, shàkudó /ʃɑ̀ːkuːdóʊ/「赤銅」
           → /əʊ/（英音）: Bùshidó /bòʃɪdə́ʊ/、shákudò /ʃǽkuːdə̀ʊ/
    e. <a># → /ɑː/: hániwà /hǽːnɪwɑ̀ː/、témpurà /témpʊrɑ̀ː/
    f. <ai># → /aɪ/: bonsái /boʊnsáɪ/、sámurài /sǽm(j)ʊràɪ/
    g. <ei># → /eɪ/: Isséi /iːséɪ/、Kìbéi /kìːbéɪ/
    h. <oi># → /ɔɪ/: Yayói /jɑːjɔ́ɪ/

(35) 語末非強勢母音
    a. <i># → /i/: kámi /kɑ́ːmi/「神」、hàrakíri /hɑ̀ːrəkíri/
    b. <u># → /uː/: bunráku /bʊnrɑ́ːkuː/、shiátsu /ʃiɑ́ːtsuː/
    c. <e># → /i/ ~ /eɪ/: kákke /kǽki/ ~ /kɑ́ːkeɪ/
                sáke /sɑ́ːki/ ~ /sɑ́ːkeɪ/（英音）「酒」
    d. <o># → /oʊ/（米音）: dójo /dóʊdʒoʊ/「道場」、ínro /ínroʊ/
           → /əʊ/（英音）: dójo /də́ʊdʒəʊ/, ínro /ínrəʊ/
           → /ə/（米音）: kimóno /kəmóʊnə/（米音に /kəmóʊnoʊ/ もあり）
    e. <a># → /ə/: géisha /géɪʃə/、ìkebána /ìkeɪbɑ́ːnə/
    f. <ai># → /aɪ/: bónsai /bóʊnsaɪ/, ítaiítai /íːtaɪíːtaɪ/
    g. <ei># → /eɪ/: Íssei /íːseɪ/, Nísei /níːseɪ/

(34) と (35) のスペリングと発音の関係を見てみると、(35) の kakke /kǽki/, sake /sǽːki/, kimono /kəmóʊnə/ の代替発音を除いて、アクセントによって母音の発音が全く異なるのは、<i> と <a> だけである。この二つの書記素の発音は、長母音には強勢が付与されるという英語の強勢規則に順じているが、他の書記素に関しては、長母音や二重母音と強勢の関係が明確ではない。これらの長母音や二重母音は、英語の語彙ならば当然強勢の付与されるものである。(35b) の [uː] は英語の発音に従ったものであり、語末では (34b) と同じく緊張母音になる。語末の非強勢母音 <u> は [ʊ] に発音されることはないので、日本語に対しても例外なく [uː] に発音している。英語では語末の [uː] には必然的に強勢が付与されるのに対して、(35b) の bunráku, shiátsu には強勢が付与されていない。このことから日本語の発音については、一概に、英語強勢規則が適用されたものだとは言えない。実際次のように、強勢のない <i> と <a> も語末以外では長母音に発音されている。

(36) <i> と <a> の非強勢長母音
　　a. kóan /kóʊɑːn/（米音）、Sanséi /sɑːnséɪ/、sashími /sɑːʃíːmi/（米音）、Yayói /jɑːjóɪ/
　　b. Isséi /iːséɪ/, Niséi /niːséɪ/

　日本語の場合、語のスペリング、つまり書記素に強勢が付与され、その強勢によって発音が決められているが、母音の長い短いは (36) の語のように随意的であるものもある。一方、英語の強勢は、表層の音節構造によって決められるので、スペリングに従って強勢を付与する日本語とは逆である。日本語への強勢と発音はそのスペリングから予想され、英語の強勢はその発音から予想されるのである。

3.4.2 米音と英音

　米音と英音の違いを第5版と第6版を比べて見てみよう。<a> が米音で /ɑ:/ に発音され、英音で /æ/ に発音される語は第5版にもいくつかあるが、第6版では次の (37a) に見られるように、両音の違いが一層顕著になっている。一方では、両音に違いのない語も多く、(37b) ～ (37d) は第5版と第6版の両方に見られる発音である。

(37) <a> の発音
 a. 米音 /ɑ:/、英音 /æ/
  1) 第5版では米音、英音共 [ɑ:] と記載されていた語
   k<u>a</u>mikaze /kɑ̀:məkɑ́:zi/（米音）、/kæ̀mɪkɑ́:zi/（英音）
   ko<u>a</u>n /kóʊɑ:n/（米音）、/kɔ́ʊæn/（英音）
   s<u>a</u>shimi /sɑ:ʃí:mi/（米音）、/sæʃí:mi/
   sh<u>a</u>kudo /ʃɑ̀:ku:dóʊ/（米音）、/ʃǽku:dəʊ/（英音）（第6版新出語）
   shi<u>a</u>tsu /ʃiɑ́:tsu:/（米音）、/ʃiǽtsu:/（英音）（第6版新出語）
   Y<u>a</u>mato-e /jɑ̀:mɑ:toʊéɪ/（米音）、/jæmǽtəʊèɪ/（英音）
  2) 第5版では米音、英音共 [æ] と記載されていた語
   h<u>a</u>rakiri /hɑ̀:rəkíri/（米音）、/hæ̀rəkíri/（英音）
  3) 第5版も米音 [ɑ:]、英音 [æ] と記載されていた語
   k<u>a</u>kemono /kɑ̀:kəmóʊnoʊ/（米音）、/kæ̀kɪmɔ́ʊnəʊ/（米音）
 b. 米音、英音共 /ɑ:/ の語
  <u>a</u>kebi /ɑ́:kəbi/, Bunr<u>a</u>ku /bʊnrɑ́:ku:/, ch<u>a</u>noyu /tʃɑ̀:noʊjú:/,
  h<u>a</u>bu /hɑ́:bu:/「ハブ」、h<u>a</u>butae /hɑ́:bətaɪ/, h<u>a</u>niwa /hɑ́:nɪwɑ̀:/,
  hib<u>a</u>chi /hɪbɑ́:tʃi/、ikeb<u>a</u>na /ìkeɪbɑ́:nə/, k<u>a</u>ki /kɑ́:ki/「柿」、
  k<u>a</u>tsura tree /kɑ́:tsərə trì:/, K<u>a</u>was<u>a</u>ki desease /kɑ̀:wəsɑ́:ki dɪzì:z/
  「川崎病」、mik<u>a</u>do /məkɑ́:doʊ/, orig<u>a</u>mi /ɔ̀(:)rɪgɑ́:mi/「折り紙」、
  r<u>a</u>ku /rɑ́:ku:/「楽焼き」、s<u>a</u>ke /sɑ́:ki/, sh<u>a</u>kuh<u>a</u>chi /ʃɑ̀:kʊhɑ́:tʃi/,
  w<u>a</u>sabi /wɑ́:səbi/、Y<u>a</u>yoi /Yɑ:jóɪ/

c. 米音、英音共 /ɑː/ と /æ/ の語
　　　kakke /kɑ́ːki/ ~ /kǽkeɪ/, tatami /tɑːtɑ́ːmi/ ~ /tætɑ́ːmi/、
　　　yagi /jɑ́ːgi/ ~ /jǽgi/「八木アンテナ」
　　d. 米音、英音共 /æ/ の語
　　　karaoke /kæriòʊki/「カラオケ」（第 6 版新出語）、
　　　samisen /sǽməsèn/, samurai /sǽm(j)ʊràɪ/, Satsuma /sǽtsʊmə/
　　e. 米音 /ɑː/、英音 /ɑː/ と /æ/ の語
　　　sukiyaki /sùːkijɑ́ːki/（米音）、/sùːkijɑ́ːki/ ~ /sòkijǽki/（英音）、
　　　tanka /tɑ́ːŋkə/（米音）、/tɑ́ːŋkə/ ~ /tǽŋkə/（英音、第 5 版に
　　　/tǽŋkə/ なし）「短歌」
　　f. 米音 /æ/ と /ɑː/、英音 /æ/ の語
　　　yakitori /jǽːkitɔ́ri/ ~ /jɑ̀ːkitɔ́ri/（米音）、/jæ̀kitɔ́ri/（英音）
　　　「焼き鳥」（第 6 版新出語）

(37a) の例を見ると、米音は /ɑː/ に、英音 は /æ/ にと区別の方向に向かっているように思えるが、他の例に見られるように、米音、英音で区別されない語も多い。<a> の発音に /ɑː/ が断然多いのは、日本語に近い発音とみなしているからである。

　<o> の語末の発音は (34d) に (35d) 挙げたので、語末以外の位置での米音と英音の違いを見てみよう。次の発音例はすべて第 6 版からのものであるが、特に明記している以外は第 5 版と同じである。

(38) <o> の発音
　　a. 米音 /oʊ/、英音 /əʊ/ の語
　　　dojo /dóʊdʒoʊ/（米音）、/də́ʊdʒəʊ/（英音）
　　　kakemono /kɑ̀ːkəmóʊnoʊ/（米音）、/kæ̀kɪmə́ʊnəʊ/（英音）
　　　karaoke /kæ̀riɔ́ʊki/（米音）、/kæ̀riɔ́ʊki/（英音）
　　　kimono /kɪmóʊnə/（米音）、/kɪmɔ́ʊnəʊ/（英音）
　　　koan /kóʊɑːn/（米音）、/kɔ́ʊæn/（英音）

koto /kóʊtoʊ/（米音）、/kə́ʊtəʊ/（英音）「琴」
Noguchi /noʊgúːtʃi/（米音）、/nəʊgúːtʃi/（英音）
obi /óʊbi/（米音）、/ə́ʊbi/（英音）
romaji /róʊmədʒi/（米音）、/rə́ʊmədʒi/（英音）
Shogun /ʃóʊgʊn/（米音）、/ʃə́ʊguːn/（英音）
shoji /ʃóʊdʒi/（米音）、/ʃə́ʊdʒi/（英音）「障子」
tofu /tóʊfuː/（米音）、/tə́ʊfuː/（英音）「豆腐」
tokonoma /tòʊkənóʊmə/（米音）、/tə̀ʊkənə́ʊmə/（英音）
ukiyo-ye /ùːkioʊ(j)éɪ/（米音）、/ùːkiəʊ(j)éɪ/（英音）
Yamato-e /jàːmɑːtoʊéɪ/（米音）、/jæmǽtəʊəɪ/（英音）
Yokohama bean /jóʊkəhùːmə bíːn/（米音）、/jə́ʊkə(ʊ)hùːmə bíːn/（英音）

b. 米音 /oʊ/ ~ /ɑ(ː)/、英音 /əʊ/ ~ /ɔ(ː)/ の語
bonsai /bóʊnsaɪ/ ~ /bɑ́(ː)nsaɪ/（米音）、/bɔ́nsaɪ/ ~ /bə́ʊnsaɪ/（英音）

c. 米音 /ɑ(ː)/ ~ /ɔ(ː)/、英音 /ɔ(ː)/ の語
Bon /bɔ́(ː)n/ ~ /bɑ́(ː)n/（米音、第 5 版に /bɑ́(ː)n/ なし）、/bɔ́(ː)n/（英音）「盆」
hokku /hɔ́(ː)kuː/ ~ /hɑ́(ː)kuː/（米音）、/hɔ́kuː/（英音）「発句」
origami /ɔ́(ː)rɪgɑ́ːmi/ ~ /ɑ̀(ː)rɪgɑ́ːmi/（米音）、/ɔ́(ː)rɪgɑ́ːmi/（英音）

d. 米音 /ɑ(ː)/、英音 /ɔ/ の語
honcho /hɑ́(ː)ntʃoʊ/（米音）、/hɔ́ntʃəʊ/（英音）
Nippon /nɪpɑ́(ː)n/（米音）、/nípɔn/（英音）
Shingon /ʃíŋgɑ(ː)n/（米音）、/ʃíŋgɔn/（英音）

e. 米音、英音共 /ɔː/ の語
chorogi /tʃɔ́ːroʊgìː/, Fujimori /fùːdʒɪmɔ́ːri/「フジモリ（ペルー大統領）」（第 6 版新出語）、satori /sətɔ́ːri/、torii /tɔ́ːrììː/, yakitori /jæ̀ːkitɔ́ːri/（第 6 版新出語）, zori /zɔ́ːri/「草履」

(38a) の語のように、<o> は /oʊ/ と /əʊ/ に発音される場合が多い。(38b) の bonsai の <o> も /oʊ/ と /əʊ/ に発音されているが、閉音節の母音

104

<o> が /oʊ/ と /əʊ/ に発音されるのは、英語では稀である。/oʊ/ と /əʊ/ の発音は、英語の音節構造を無視した日本語のスペリング <o> に対する発音である。英語では bone /boʊn/、bony /boʊni/、bonus /boʊnəs/ のようにスペリングが <onV> の語は <o> を /oʊ/ と発音するが、bond /bɑ(:)nd/（米音）、/bɔnd/（英音）、bonfire /bɑ́(:)nfàɪər/（米音）、/bɔ́nfàɪə/（英音）、bonnet /bɑ́(:)nɪt/（米音）、/bɔ́nɪt/（英音）のように、スペリングが <onC> の語は <o> を /oʊ/ や /əʊ/ には発音しない。

(38b) ～ (38d) では、米音と英音の違いが /ɑ(:)/ と /ɔ/ にあるが、これは英語に対する米音と英音の違いでもある。(38e) は <or> の発音であるが、米音と英音が同じである。<or> の発音として /ɔ:r/ のみを載せているのは第 6 版になってからである。第 5 版では、英音は [ɔ:] のみであるが、米音には次の (39) のように [ɔ:] と [o:] の二つの発音が記載されていた。[o:] の発音を第 6 版から削除したのは、(39b) の英語の発音にも同様に見られる。

(39) 第 5 版と第 6 版の <or> の発音
    a. 日本語
        chorogi [tʃɔ́:ro(ʊ)gìː] ~ [tʃó:ro(ʊ)gìː]（第 5 版米音）
                /tʃɔ́:ro(ʊ)gìː/（第 6 版）
        satori [sətɔ́:ri] ~ [sətó:ri]（第 5 版米音）、/sətɔ́:ri/（第 6 版）
        torii [tɔ́:rìː] ~ [tó:rìː]（第 5 版米音）、/tɔ́:rìː/（第 6 版）
        zori [zɔ́:ri] ~ [zó:ri]（第 5 版米音）、/zɔ́:ri/（第 6 版）
    b. 英語
        door [dɔɚ] ~ [doɚ]（第 5 版米音）、/dɔɚ/（第 6 版米音）
        more [mɔɚ] ~ [moɚ]（第 5 版米音）、/mɔɚ/（第 6 版米音）
        store [stɔɚ] ~ [stoɚ]（第 5 版米音）、/stɔɚ/（第 6 版米音）

アメリカ英語には [oɚ] の発音は現に存在しているのであるが、それを方言あるいは非標準的発音とみなし、第 6 版から削除したのであろう。

/r/ の前の母音は弛緩母音であるという原則が取り入れられている。同じ理由で日本語の [o:] の発音も削除したと思われるが、第1の理由は [o] の長母音 [o:] の発音は英語話者にとって難しいことにある。door を [doɚ] と発音する人でも [do:ɚ] の発音は難しく、二重母音の [doʊɚ] なら grower, lower があるので発音できる。

第5版では、無声歯茎破裂音にのみ弾音の発音記号 [ṱ] を用いていたが、第6版では無声音と有声音の両方の弾音 /ṱ/, /ḍ/ が載っている。『研究社』ではたたき音と呼んでいるが、日本語は弾音が一般的であるので、本章では弾音と呼ぶ。『研究社』では /ṱ/ と /ḍ/ の二つの音声記号を用いているが両音には発音上違いはないので、二つの発音記号は日本語の音素の違いを表わすためである。弾音は米音のみであるが、次のように非強勢母音の前に起こっている。

(40) 弾音
    a. Akita /əkíːṱə/, karate /kəráːṱi/、koto /kóʊṱoʊ/, Seto (ware) /séɪṱoʊ (wɛ̀ɚ)/、Shinto /ʃɪ́nṱoʊ/「神道」、Yamato-e /jàːmɑːṱoʊéɪ/
    b. aikido /aɪkíːḍoʊ/、judo /dʒúːḍoʊ/「柔道」、mikado /mɪkáːḍoʊ/, udo /úːḍoʊ/「ウド」

弾音化しない /t/ に itai-itai /íːtaɪ́ːtaɪ/「イタイイタイ病」があるが、[íːtʰaɪ́ːtʰaɪ] と帯気音に発音されるのであろう。

次に <y> の発音を見てみよう。

(41) <y> の発音
    a. 頭子音の /j/
    sho·yu /ʃóʊju:/（米音）「醤油」、Ya·yoi /jɑːjóɪ/, yen /jén/「円」
    b. 拗音1音節発音
    Ryu·kyu /riúːkju:/, To·kyo·ite /tóʊkioʊàɪt/
    c. <y> の両音節化

　　　　Ryu·kyu /rijúːkjuː/, sho·yu /ʃɔ́ɪjuː/（英音）
　　d. <y> の再音節化
　　　　sho·yu /ʃɔ́ɪuː/（英音）
　　e. <y> 削除
　　　　u·ki·yo·ye /ùːkioʊ(j)éɪ/

　(41a) の <y> は音節頭子音 (onset) であり、/j/ に発音される。(41b) は拗音を含む音節 <CyV> が /Ci·V/ と、2 音節に発音されるものである。(41c) の Ryukyu と shoyu の発音は、<y> を二つの音節に結びつけたものである。<y> は頭子音では /j/ に発音され、核音 (nucleus) では /i/ に発音される。
　英語は /u/ の前に /j/ を挿入する発音があるが、日本語にも適用されている。

(42) /j/ 挿入
　　fu·ji [fjúːdʒiː]（第 5 版）、/fúːdʒi/（第 6 版）、sa·mu·rai /sǽm(j)ʊràɪ/、fu·ton /fjúːtɑ(ː)n/「布団」（第 6 版新出語）

　(42) の語は /j/ が /u/ の前に随意的に挿入されているが、fuji は第 6 版では /j/ が挿入されない。/j/ の挿入は、例えば英語の fuze /fjuːz/ や Samuel /sǽmjʊəl/ のような語への類推であろう。
　Hayes (1989) のモーラ音韻論 (moraic phonology) に従い、/i/ に発音される <y> をモーラとし、日本語のモーラ単位から英語の音節単位を形成する過程を表わしてみよう。(41b) の Ryukyu の <ryu> は次のように 2 音節化 (bisyllabification) される。次の [σ] は音節、[μ] はモーラを表わす。

(43) <yu> の 2 音節化

107

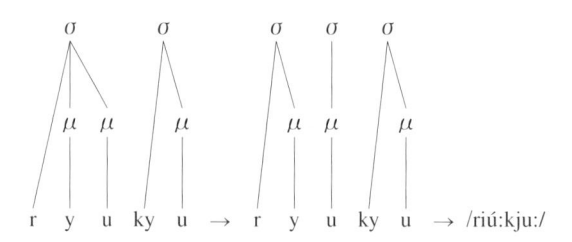

```
    σ       σ         σ       σ
   /|       |        /|       |
  μ μ       μ       μ μ       μ
  | |       |       | |       |
  r y u    ky u  →  r y u    ky u  →  /riú:kju:/
```

　Ryu の <y> は基底形ではモーラであり、kyu の <y> は頭子音でありモーラではない。Ryu も kyu も日本語では同じ拗音でありながら、kyu が2音節にならないのは、原語の発音を保持しているのであろう。第5版には2音節共拗音の [rjú:kju:] が載っている。/riú:kju:/ の発音から見ると、強勢のある /u:/ は単独の音節とみなされる。

　（41c）の Ryukyu と shoyu の <y> が二つの音節に結びつく両音節化（ambisyllabification）は Kahn（1976）によって提案されたものであるが、本稿ではモーラ音節論で表示する。

(44) <y> の両音節化
　a. Ryukyu

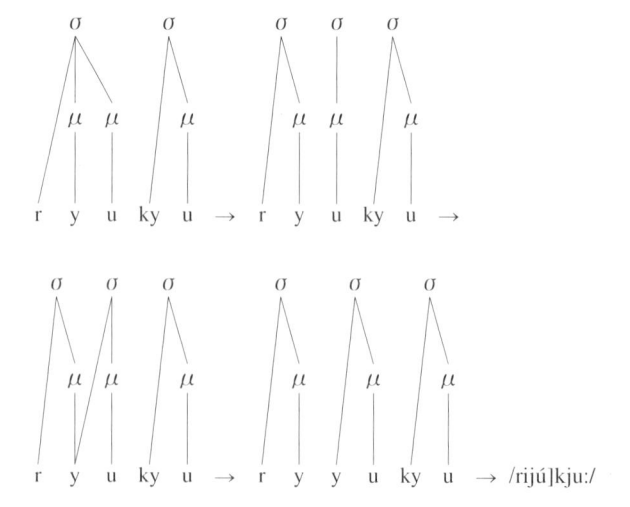

```
    σ       σ         σ   σ    σ
   /|       |        /|\  |    |
  μ μ       μ       μ μ   μ    μ
  | |       |       | |   |    |
  r y u    ky u  →  r y   u   ky u  →
```

```
    σ  σ    σ          σ    σ    σ
   /|  |\   |         /|   /|\   |
  μ μ  μ    μ        μ μ  μ μ    μ
  | |  |    |        | |  | |    |
  r y  u   ky u  →   r y  y u   ky u  →  /rijú]kju:/
```

b. shoyu

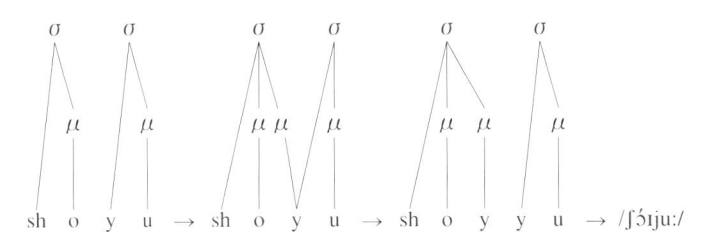

```
     σ   σ      σ   σ       σ     σ
     |   |     /|   |\     /|\   /|
     μ   μ    μ μ   μ     μ  μ  μ μ
     |   |    | |   |     |  |  | |
    sho  o  u → sho o u → sho y  yu → /ʃɔ́ɪjuː/
```

（44a）は <yu> の 2 音節化の後に <y> の両音節化が行なわれたものである。Ryukyu の <y> は後ろの音節の頭子音となっているが、(44b) の shoyu の <y> は前の音節とも結びついている。<y> が頭子音になるか核音になるかは、母音の前にあるか後ろにあるかによる。

（42）の samurai /sǽm(j)ʊràɪ/ は <u> の前に /j/ を挿入しているので、同様に (41c) の Ryu‧kyu /rijúːkjuː/ も /j/ 挿入と考えられよう。しかし、この場合の /j/ は書記素 <y> に対応する発音とし、両音節化と考えるのが妥当であろう。

（41d）の shoyu は、/ʃɔ́ɪuː/ と発音されているので、shoy‧u と 2 音節に分けられる。sho‧yu の <y> を左の音節に移動する再音節化 (resyllabification) は、Selkirk (1982) によって示されたものであるが、それをモーラ音節論で表わすと次のようになる。

(45) 再音節化
　　shoyu

```
     σ   σ      σ    σ       σ    σ
     |   |     /|    |\     /|\   |
     μ   μ    μ μ    μ     μ  μ  μ μ
     |   |    | |    |     |  |  | |
    sho  y  u → sho  y u → sho y  u → /ʃɔ́ɪuː/
```

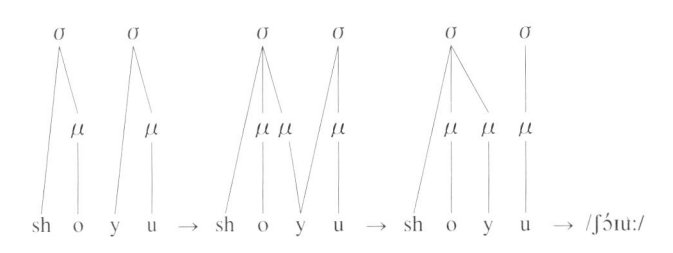

Selkirk の再音節化は、強勢のない音節の頭子音、例えば /ju/ の /j/ を

109

左の音節に移すのであるが、移動先では音節の尾子音になる。(45)のように核音 <o> と 結びついて二重母音になる例は Selkirk にはないが、<y> は尾子音になることはないので、前の母音と二重母音を形成する以外にない。

3.4.3　アクセントのある母音の発音

本章の最後として、これまでのデータと重複するのであるが、まとめとして『研究社』に載っている日本語の母音の発音を、アクセントがあるもの (3.4.3節) とアクセントのないもの (3.4.4節) に分けて、外国語である日本語に対する音節と発音の一般的特徴について見てみよう。

まずアクセントのある母音の発音から見ていく。アクセントは母音にだけ付与されるのではなく、実際には音節全体が他の音節より卓立して発音されるのだが、そのピークになるのが核音である母音であるので、本章ではアクセントのある母音を第1強勢あるいは第2強勢を取る母音とする。発音記号で、特に英音、米音の記述のないものは、どちらの言語にも同じ表記の母音である。以下に用いる発音記号は第6版からのものであるが、第5版になかったものはその旨明記している。

(46) アクセントのある母音 <a> の発音
   a. /ɑː/: ákebi /ɑ́ːkəbi/, chànoyú /tʃɑ̀ːnoʊjúː/, gagáku [gɑːgɑ́ːkuː] (第6版になし), hábu /hɑ́ːbuː/, hániwà /hɑ́ːnɪwɑ̀ː/, hibáchi /hɪbɑ́ːtʃi/, hibákushà /hɪbɑ́ːkʊʃɑ̀ː/ (英音), ìkebána /iːkəbɑ́ːnə/, káki /kɑ́ːki/, kámi /kɑ́ːmi/, kàmikáze /kɑ̀ːməkɑ́ːzi/ (英音は /kæ̀məkɑ́ːzi/), karáte /kərɑ́ːti/, sáke /sɑ́ːki/, shàkuháchi /ʃɑ̀ːkʊhɑ́ːtʃi/, tánka /tɑ́ːŋkə/, tatámi /tətɑ́ːmi/, tsunámi /tuːnɑ́ːmi/, wásabi /wɑ́ːsəbi/
   b. /æ/: hàrakíri /hæ̀rəkíri/ (英音、第5版は米音にもあり), sámisèn /sǽməsèn/, sámuràì /sǽm(j)ʊràɪ/ (第5版には /sǽmʊràɪ/ も

あり）, sátsuma /sǽtsʊmə/
   c. /ɑː/ ~ /æ/: kákke /kǽki~kɑ́ːkeɪ/

（46）の例から、強勢のある <a> は、ほとんど /ɑː/ に発音されると言っても良い。（46b）の /æ/ の発音は、sam·i·sen, sat·su·ma のように、強勢音節を CVC と捉えているからである。（46c）の kakke と（46b）の samurai（第5版）には /æ/ と /ɑː/ の二通りの発音があるが、これは英語話者が音節をどのように捉えているかによる。kak·ke の <a> は、スペリングからは短母音の /æ/ にしか発音されないのであるが、/kɑːkeɪ/ という発音がある。音節区分を ka·kei と考えたのである。『研究社』には、hock·ey [hɑ́(ː)ki], bot·tem [bɑ́(ː)təm] の表記があることから、音節区分に関係なく /ɑ/ は長母音に発音されると考えるべきであろう。ちなみに ODP には [hɑ́ki]（米音）、[hɔ́ki]（英音）と [bɑ́dəm]（米音）、[bɔ́təm]（英音）の短母音しか記載されていない。

（47）アクセントのある母音 <i> の発音
   a. /iː/: ítaiítai /íːtaɪíːtaɪ/, kábukì /kɑ́ːbʊkìː/（米音）, tórìi /tɔ́(ː)rìːi/, ukìyo-é /uːkìːjo(ʊ)(j)éɪ/
   b. /ɪ/: níppon /nípɑn/, Shínto /ʃíntoʊ/, kirín /kiːrín/, ínro [ínroʊ]
   c. /iː/~/ɪ/: ìkebána /ìːkeɪbɑ́ːnɑ/~/ìkeɪbɑ́ːnɑ/,
             shíngon /ʃíːngɑn/~/ʃíngɑn/

（47）の語で、後から2番目の音節に強勢が付与されているのは2音節語である。これは、<i> は強勢の付与され難い母音であることを意味する。（47）の発音から、強勢のある <i> が開音節であれば /iː/ と発音され、Nip·pon, Shin·to のように <i> が閉音節であれば /ɪ/ に発音されていると言える。ところが Shingon には /ʃiːngɑn/ の発音もある。<in> が /iːn/ に発音されているのは、閉音節を無視して強勢のある母音を長母音に発音していると考えるべきであろう。そうすると、強勢のある

母音は、閉音節であっても長母音に発音するという規則が、外国語である日本語に働いていると言える。ささいなことであるが、(47c) の Shingon の <n> が軟口蓋音 /ŋ/ になっていない。tanka /tǽːŋkə/, renga /réŋgə/, pachinko /pətʃíŋkoʊ/ の <n> が /ŋ/ に表記されているので、/ʃíŋgɑn/ となるべきである。

(48) アクセントのある母音 <u> の発音
 a. /uː/: hìbakúsha /hìːbəkúːʃə/（第6版米音のみ）、júdo /dʒúːdoʊ/, Ryúkyu /ri(j)úːkjuː/, satsúma /sætsúːmə/, súmo /súːmoʊ/, súshi /súːʃi/「寿司」, tsùtsugamúshi disease/(t)sùːtsʊgəmúːʃi/, údo /úːdoʊ/, zàibatsú [zàɪbɑːtsúː]
 b. /ʊ/: tempúra /tempʊ́ˈrə/
 c. /uː/ ~ /ʊ/: Búshidò /búʃɪdòʊ/ ~ /búːʃɪdòʊ/（第6版の英音は /ʊ/）, kabúki /kəbúːki/（第5版に [kəbúki] あり）

(48) の /uː/ と /ʊ/ の発音も、語の音節の区分にある。(48a) の satsuma と (48c) kabuki には、<u> に強勢が付かない /sætsʊmə/ と /kǽbʊki/ いう発音もある。強勢のある <u> は通常 /uː/ と発音されるのであるが、(48b) の tempúra には /tempúːrə/ という発音はない。これは英語では、<u> が cúre /kjʊɚ/, cú·ri·ous /kjʊ́ɚriəs/, púre /pjʊɚ/, pú·ri·ty /pjʊ́ɚrəti/ のように、/r/ の前では弛緩母音に発音されるためである。Búshidò /búʃɪdòʊ/ の /ʊ/ の発音は、英語の búsh·el /búʃəl/ のように CVC 音節とみなした発音である。

(49) アクセントのある母音 <e> の発音
 a. /ʊ/: nétsuke /nétsʊki/, rénga /réŋgə/, sámisèn /sǽməsèn/, sén /sén/「銭」, séppuku [sépʊkuː]（第6版になし）, témpura /témpʊrə/, yén /jén/, zén /zén/「禅」
 b. /eɪ/: nétsukè /nétsʊkèɪ/

112

c. /eɪ/ ~ /ɛ/: Séto /séɪtoʊ/ ~ /sétoʊ/「瀬戸焼」

　(49) の例から、強勢のある <e> は、CVC の閉音節では /ɛ/ と発音されることが分かる。nétsukè の語末の <e> が /eɪ/ に発音されるのは、開音節だからである。一方、Seto の <e> に二通りの発音があるのは、開音節とみなすか閉音節とみなすかによる。
　短母音の /ɛ/ は、第5版では [e] と表記されていた。/e/ と /ɛ/ は共に中前舌母音（mid front vowel）であるが、別々の音素である。両音は前舌部の高さ、つまり口の開きが異なる音なので、筆者は別の音声記号を用いることに賛成である。まだ両音を区別して表記していない辞書が多いのであるが、これは両音には、二重母音と短母音という違いがあるので、同じ音声記号でも問題がないということであろう。/eɪ/ は無声破裂音の前では短音化して /e/ と発音されることがある。例えば carmake /káɚmèɪk/「自動車製造」、roommate /rúːmèɪt/「ルームメイト」は普通のスピードで話すと /káɚmèk/, /rúːmèt/ となる。そうすると carmech /káɚmèk/「自動車修理工、mech=mechanic」、roomette /ruːmét/「小部屋」と区別する必要性がでてくる。
　日本語の五つ目の母音 <o> の発音を見ていこう。(50a) の米音と英音の違いについては前に述べている。

(50) アクセントのある母音 <o> の発音
   a. /oʊ/（米音）~ /əʊ/（英音）: dáimyò [dáɪmiòʊ] ~ [dáɪmiəʊ]（第6版は myo にアクセントなし）, dójo /dóʊdʒoʊ/ ~ /də́ʊdʒəʊ/, go /góʊ/ ~ /gəʊ/, kàkemómo /kàːkɪmóʊnoʊ/ ~ /kæ̀ɪkɪmə́ʊnəʊ/, kimóno /kɪmóʊnoʊ/ ~ /kɪmə́ʊnəʊ/, kóan /kóʊɑːn/ ~ /kɔ́ʊæn/, kuróshiò /kʊróʊʃiòʊ/ ~ /kʊrə́ʊʃiəʊ/, rómaji /róʊmədʒi/ ~ /rə́ʊmədʒi/, shóji /ʃóʊdʒi/ ~ /ʃə́ʊdʒi/, tófu /tóʊfuː/ ~ /tə́ʊfuː/, tòkonóma / tòʊkənóʊmə/ ~ /tə̀ʊkənə́ʊmə/
   b. /ɔ(ː)/: bon /bɔ́(ː)n/

  c. /ɑ/: nippón /nɪpán/（第5版、6版米音）
  d. /oʊ/ ~ /ɑ/: bónsai /bóʊnsaɪ/ ~ /bánsaɪ/（第5版、6版米音）
  e. /ɔː/ ~ /oː/: chórogì /tʃɔ́ːro/ə(ʊ)gì:/ ~ [tʃóːro(ʊ)gìː], satóri /sətɔ́ːri/ ~
   [sətóːri], tórìì /tɔ́ːrìì:/ ~ [tóːrìì:], zóri[zɔ́ːri]~[zóːrɪ]
   （以上　第5版米音。第6版には [oː] なし）
  f. /ɔ(ː)/ ~ /ɑ/: hókku /hɔ́(ː)kuː/ ~ /hákuː/（第5版、6版共米音）

（50）の例に見られるように、<o> は /oʊ, əʊ/, / ɔ(ː)/, /ɑ/, /oː/ の4種類に発音されている。一般的に、開音節の <o> は米音では /oʊ/、英音では /əʊ/ であり、閉音節の <o> は米音では /ɑ/、英音では /ɔː/ である。(50d) の bonsai のように、強勢のある <o> は音節構造に関係なく、[oʊ] と発音されるものもある。(50e) の chorogi, satori などの <o> は、第5版では /ɔ(ː)/ と /oː/ の二通りの発音がある。しかし、第6版では <or> は /ɔːr/ と表記されている。

（51）アクセントのある二重母音の発音
  a. <ai> /aɪ/: bonsái /boʊsáɪ/, dáimyò /dáɪmiòʊ/, hábutài /háːbətàɪ/,
    háiku /háɪkuː/, tái /táɪ/, zàibatsú /zàɪbɑːtsúː/
  b. <ei> /eɪ/: kìbéi /kìːbéɪ/, Niséi /niːséɪ/, Sanséi /sɑːnséɪ/
    /eɪ/ ~ /iː/: géisha /géɪʃə/ ~ /gíːʃə/（第5版、6版共米音）
  c. <oi> /ɔɪ/: Yayói /jɑːjɔ́ɪ/

　二重母音では、<ei> が /eɪ/ と /iː/ の両方に発音されているが、語末では /iː/ に発音される例は見当たらない。(49) の <e> も nétsukè /nétsʊkèɪ/, Séto /séɪtoʊ/ のように /eɪ/ と発音されることがあり、発音からはそのスペリングが分からないことがある。ここでの二重母音は、スペリングからのものであり、発音上の二重母音ではない。
　(46)～(50) の例から、強勢のある CV 音節の母音が長母音、あるいは二重母音に発音されているのが分かる。更に、閉音節の母音を長母

音に発音する例もいくつか見られ、日本語の母音をはっきりと発音しようという試みが見られる。

3.4.4 アクセントのない母音の発音

アクセントのない母音の発音を見てみよう。英語との大きな違いは、日本語は強勢がないにもかかわらず、長母音、二重母音に発音されていることである。

(52) アクセントのない母音 <a> の発音
 a. /ɑː/: gagáku [gɑːgǽːkuː] （第6版になし）, kóan　/kóʋɑːn/（第6版英音は /kóʋæn/）, Sanséi /sɑːnséɪ/,
   Yamáto-è /jɑːmɑ́ːtoʋèɪ/（第6版米音は / jɑ̀ːmɑːtoʋéɪ/）, Yayói /jɑːjóɪ/, Yukáwa /juːkɑ́ːwɑː/「湯川」, zàibatsú /zàɪbɑːtsúː/
 b. /æ/: satsama /sætsúmə/
 c. /ə/: géisha /géɪʃə/, ìkebána /ìːkeɪbɑ́ːnə/, kabúki /kəbúːki/,
   rénga /réŋgə/, rómaji /róʊmədʒi/, satóri /sətɔ́ːri/,
   témpura /témpʊrə/, tòkonóma /tòʊkənóʊmə/,
   wásabi /wɑ́ːsəbi/, Yòkoháma [jòʊkəhɑ́ːmə]（第5版）
 d. /ə/ ~ /ɪ/: hàra-kíri /hæ̀rəkíri/（第5版の米音には [hǽrɪkíri] もあり）
 e. /ə/ ~ /æ/: karáte /kərɑ́ːti/（第5版、6版共米音）~ /kærɑ́ːti/（第5版、6版共英音）
 f. /ɑː/ ~ /æ/ ~ /ə/: tatámi /tɑːtɑ́ːmi/ ~ /tætɑ́ːmi/ ~ /tətɑ́ːmi/

(52a) の gagáku, Sanséi, Yamáto-è, Yayói の語頭の長母音 /ɑː/ は、実際には第2強勢で発音されていると思われるが、英語辞典には記されていない。kóan, Yukáwa, záibatsu の <a> は、第1強勢の直後でありながら /ɑː/ と長母音に発音されているが、一般的に英語には見られない外来語への発音である。hàra-kíri を /hǽrɪkíri/ と発音するのは、hurricane とか「張り切り」への類推であろうなどと耳にするが、興味のあるとこ

115

ろである。OED には、1856年のスペリングとして hara-kiri を音位転換した hari-kari が載っている。これは hurry-curry とも綴られたそうである。

(52) の <a> の発音を見ると、強勢のない母音をあいまい母音 /ə/ に発音する英語の規則と、外来語の母音をはっきりと /ɑː/ に発音する規則が混じっているのが分かる。

(53) アクセントのない母音 <i> の発音
 a. /iː/:ki̱rín /kiːrín/, Ni̱séi /niːséɪ/（cf. kìbéi /kìːbéɪ/）
 b. /ɪ/: hi̱bákusha /hɪbɑ́ːkʊʃə/（第6版米音になし）, hi̱bachi /hɪbɑ́ːtʃi/, Nippón /nɪpɑ́n/（第5版、6版共米音）
 c. /i/ ~ /ɪ/: ákebi̱ /ɑ́ːkəbi/ ~ [ɑ́kɪbɪ], hi̱báchi /hɪbɑ́ːtʃi/ ~ [hɪbɑ́ːtʃɪ], kabúki̱ /kəbúːki/ ~[kəbúːkɪ], káki̱ [kɑ́ːki] ~ [kǽkɪ], kámi̱ [kɑ́ːmi] ~ [kɑ́ːmɪ], kuróshi̱ò [kʊróʊʃiòʊ] ~ [kʊrəʊʃɪəʊ], óbi̱ [óʊbi] ~ [ə́ʊbɪ], tóri̱ì [tɔ́ːriì ː] ~ [tɔ́ːrɪì ː]（第5版米音 /i/, 英音 /ɪ/。第6版は英音・米音共 /ɪ/）
 d. /ɪ/ ~ [iː]: Búshi̱dò /búʃɪdòʊ/ ~ [búːʃiːdəʊ]（第5版英音）
 e. /ə/ ~ /ɪ/: háni̱wà /hɑ́ːnəwɑ̀ː/ ~ /hɑ́ːnɪwɑ̀ː/（第5版、6版とも米音）, kàmi̱káze /kɑ̀ːməkɑ́ːzi/（第5版の英音になし）~ /kɑ̀ːmɪkɑ́ːzɪ/, ki̱móno /kəmóʊnə/（第5版の英音になし）~ /kɪmə́ʊnəʊ/, mi̱kádo /məkɑ́ːdoʊ/（第5版の英音になし）~ /mɪkɑ́ːdəʊ/（第5版の米音になし）, sáshi̱mi [sɑ́ːʃəmi]（第5版の米音）~ [sɑ́ːʃɪmɪ]（第5版の英音）, sámi̱sèn /sǽməsèn/（第5版、6版とも米音）~ /sǽmɪsèn/（第5版、6版とも英音）

(53a) のような2音節語では、語頭の CV 音節が長母音に発音されることが多い。長母音の発音であるから、実際には第2強勢があるのだが、アクセント記号は付与されないのが普通である。kìbéɪ /kìːbéɪ/ のように <ki> に強勢が付いているのは、英語の規則に基づくものであるの

116

第 3 章 『研究社新英和大辞典』にある日本語の発音

で、他の語に合わせると /kiːbéɪ/ と強勢を付与しない表記になる。

　(53c) のような米音 [i]、英音 [ɪ] の違いは、特に語末や第 1 強勢の後に起る現象であるが、第 6 版では両音の違いがなくなっている。(53d) の第 5 版英音は、Bu·shi·do の CV 音節をていねいに発音したものである。(53c) にならうと /búːʃidəʊ/ と短母音になる。(53e) の語に、強勢のない母音をあいまい母音に発音する米音の特徴が見られる。一方、(53b) の語の <i> は /ɪ/ に発音され、あいまい母音に発音されていない。(53e) の語との違いは見出せないが、英語の recórd /rɪkɔ́ːrd/, betráy /bɪtréɪ/ のように、語頭の /ɪ/ は /ə/ に発音され難いということであろう。

(54) アクセントのない母音 <u> の発音
　　a. /uː/: Bunráku /bʊnráːkuː/, gagáku [ɡɑːɡɑ́ːkuː] (第 5 版), hábu /hǽːbuː/, háiku /háɪkuː/, hókku /hɔ́kuː/, nuncháku [nuːntʃǽːkuː] (第 5 版), Ryúkyu /ri(j)úːkjuː/, séppuku [sépʊkuː] (第 5 版), tófu [tóʊfuː], tsunámi /(t)suːnáːmi/ ~ /(t)sʊnáːmi/ (第 5 版英音は [ʊ]), ukiyo-é[uːkìːjoʊ(j)éɪ] (第 5 版)
　　b. /ʊ/: Bunráku /bʊnráːkuː/, hábutài [hǽːbʊtàɪ] (第 5 版), hibákushà /hɪbǽːkʊʃà:/ (第 6 版米音は /aː/), kuróshiò /kʊróʊʃiòʊ/, séppuku [sépʊkuː] (第 5 版), shàkuháchi /ʃàkʊhάːtʃi/
　　c. /ə/: hábutài /hǽbətàɪ/ (第 6 版), kátsura trèe /kǽːtsərə trìː/, témpura /témpərə/ (第 6 版米音は /ʊ/)
　　d. /ɸ/ ~ /ʊ/: nétsuke /nétski/ ~ /nétsʊkèɪ/
　　e. /ɸ/: sukiyáki /skijáːki/ (第 5 版、6 版共米音)
　　f. /ʌ/ ~ /ə/: shógun /ʃóʊɡʌn/ ~ /ʃóʊɡən/ (第 6 版米音は /ʊ/)
　　g. /ʌ/: nuncháku /nʌntʃǽːkuː/ (第 6 版)

(54a) の長母音は、ほとんど語末の場合である。語末以外は /ʊ/ あるい

117

は /ə/ に発音されるのが普通であるが、語頭の母音をていねいに発音したのが nunchaku /nu:ntʃɑ́:ku:/, ukìyo-é /u:kì:joʊ(j)éɪ/ の /u:/ である。語頭の非強勢母音を /u:/ に発音するのは随意的であるので、/nʊntʃɑ́:ku:/, /ʊkì:joʊ(j)éɪ/ という発音があっても良い。そうすると、これらの語は実際には (54a) の tsunámi のように /u:CV.../ と /ʊCV.../ の両方の発音があることになる。

　3音節語の2音節目の <u> は、(54c) のようにあいまい母音に発音されている。これは強勢のある音節の後での非強勢化を表わしている。語頭の /ts/ は発音が難しいので、(54a) の tsunami の /t/ が米音では発音されないことがある。しかし、語頭でない /ts/ は、(54d) の netsuke のように /ts/ に発音されている。

　(54f)の shogun や(54g)の nunchaku の <u> が /ʌ/ に表記されている。まず shogun について他の辞典を調べてみる。Webster の音声表記は /ʃóʊgən/ であり、OED のは /ʃɔ́ʊgʊn/ であり、LDCE には /ʃɔ́ʊgʊn/ と /ʃɔ́ʊgən/ の二つの発音記号が載っている。さらに、ODP には英音として /ʃɔ́ʊgʌn/ と /ʃɔ́ʊg(ə)n/ が、米音として /ʃóʊgən/ が載っており、LPD にも /ʃɔ́ʊgʌn/ と /ʃɔ́ʊgən/ が記載されている。英語の mínimum /mínɪməm/ や mínus /máɪnəs/ の <u> は常に /ə/ に発音されているにもかかわらず、日本語の発音を /ʌ/ や /ʊ/ で表記しているのは、外国語の母音を一つの音素として発音するねらいがある。

　nunchaku については、<nun> が語頭にあるので /nʌn/ と発音するのが英語らしい。英語の umbrella が /ʌmbrélə/ と発音されるのと同じである。しかし、ODP には /nəntʃɑ́ku/ (米音) と /nʌntʃɑ́ku:/ (英音) が載っている。ODP の発音については次章で述べるが、米音に /ʌ/ の記号は用いられていない。

(55) アクセントのない母音の <e> の発音
　　a. /eɪ/ ~ /i/: nétsuke /nétsʊkeɪ/ ~ /néts(ʊ)ki/
　　b. /i/ ~ [ɪ]: karáte /kərɑ́:ti/ ~ [kærɑ́:tɪ] (第5版英音)

c. /i/ ~ [ɪ] ~ /eɪ/: kákke̱ /kǽki/ ~ [kǽkɪ]（第5版英音）~ /kǽkeɪ/, sáke̱ /sɑ́:ki/ ~ [sɑ́:kɪ]（第5版英音）~ /sɑ́:keɪ/（第6版英音）
　　d. /ɪ/ ~ /ə/: áke̱bi /ǽkɪbɪ/（英音）~ /ɑ́:kəbi/, kàke̱móno /kæ̀kɪmoʊnoʊ/ ~ /kɑ̀:kəmóʊnoʊ/（第6版米音）
　　e. /eɪ/ ~ /ɪ/ ~ [ə]: ìke̱bána /ì:keɪbɑ́:nə/ ~ /ì:kɪbɑ́:nə/ ~ [ì:kəbɑ́:nə]（第5版）

　（55）の例から、一般的に語末の <e> は /eɪ/, /i/, /ɪ/（第5版英音）に発音され、語中の <e> は /ɪ/ か /ə/ に発音されると言える。例外が（55e）の /ì:keɪbɑ́:nə/ であるが、これは <ke> をていねいに発音したものである。ちなみに OED の発音記号は、/ɪki:bɑ́:nə/ と /i:/ になっている。
　（55a）の netsuke は、/nétsʊkeɪ/ のように語末の /eɪ/ に第2強勢の付与されないのが英音である。米音は /nétsʊkèɪ/ と第2強勢が付いている。第5版には [nétskeɪ] と [nétsʊkèɪ] があるが、[eɪ] に第2強勢が付いていない前者は、[ʊ] 削除により2音節になったためである。第6版では、2音節語は /nétski/ しか記載されていない。

（56）アクセントのない母音の <o> の発音
　　a. /oʊ/（米音）~ /əʊ/（英音）: chànojú /tʃɑ̀:noʊjú:/ ~ /tʃɑ̀:nəʊjú:/, chórogi̱ /tʃɔ́:ro(ʊ)gì:/ ~ /tʃɔ́:rə(ʊ)gì:/, dáimyo̱ /dáɪmioʊ/ ~ /dáɪmɪəʊ/, dójo̱ /dóʊdʒoʊ/ ~ /dɔ́ʊdʒəʊ/, ínro̱ /ínroʊ/ ~ /ínrəʊ/, júdo̱ /dʒú:doʊ/ ~ /dʒú:dəʊ/, kàkemóno̱ /kɑ̀:kəmóʊnoʊ/ ~ /kæ̀kɪmóʊnəʊ/, kimóno̱ /kɪmóʊnoʊ/ ~ /kɪmóʊnəʊ/, kóto̱ /kóʊtoʊ/ ~ /kɔ́ʊtəʊ/, mikádo̱ /mɪkɑ́:doʊ/ ~ /mɪkɑ́:dəʊ/
　　b. /oʊ/ ~ /ɑ/: bo̱nsái /boʊnsáɪ/ ~ /bɑnsáɪ/（米音）
　　c. /ɑ/（米音）~ /ɔ/（英音）: Níppo̱n /nípɑn/ ~ /nípɔn/, Shíngo̱n /ʃíŋɑn/ ~ /ʃíŋɔn/
　　d. /ə/: tòko̱nóma /tòʊkənóʊmə/

<o> は語末ではほとんど二重母音に発音されている。英語の hot, ton のような /CoC/ の音節は、通常米音では /ɑ/ に、英音では /ɔ/ に発音されるが、(56c) の語がそのような発音になっている。語末や強勢音節間の非強勢母音が /kɪmóʊnə/「着物」や (56d) の /tòʊkənóʊmə/ ように /ə/ に発音されるのは英語の特徴であるが、<o> を /ə/ に発音する例は少ない。これは英語話者は、<o> を /oʊ/ と認識しているためである。(56a) の dáimyo の myo に第2強勢が付与されないのは、2音節語だからである。3音節に区分されると /dáɪmiòʊ/ と第2強勢が付与される。

3.5　おわりに

本章での日本語の発音研究は、『研究社新英和大辞典』第5版と第6版に掲載されている語彙に基づいているが、掲載語彙の発音は、長い歴史のある *Webster* や *OED* などの辞典を参考にしたものであろう。というのは、どの語彙が外来語として扱われているかは、英語国の英英辞典に載っているかどうかによるからである。*Webster* と *OED* の発音の違いを調べるのも、アメリカ発音とイギリス発音の違いが分ると同時に、どちらが日本語の発音に忠実であるかが分り、意義がある。両辞典を比べて見よう。どちらかというと *OED* の方が原語の発音に忠実であるように思われる。

(57)　　　　　　　　*Webster*　　　　*OED*
　a. haori　　　　/háʊri:/　　　　/hɑ́:ori/　　　「羽織」
　b. harakiri　　　/hæ̀ri:kíri:/　　/hɑ̀:rəkíri:/　「腹切り」
　c. kakemono　　/kàkəmóʊnoʊ/　/kəkemó:no/　「掛け物」
　d. kuruma　　　/kórəmə/　　　/kʊrú:mə/　　「車」
　e. romaji　　　 /róʊmədʒi:/　　/ró:madʒi:/　 「ローマ字」

辞典には複数の発音記号が載っているのであるが、(57) の表記は最初に記載されているものである。

　一つの語に複数の発音がある場合、最初に記載されているのが最も頻繁に使用されるものであるが、どの発音が年代的に古いのかは、辞典からは知る由もない。しかし、例えば ki·mo·no「着物」を初めて外来語として記載する際には、母音をていねいに発音する /kiːmóʊnoʊ/ という発音が紹介され、やがて外来語が英語の言葉として扱われるようになるにつれて、強勢のない母音をあいまい母音に発音する /kəmóʊnə/ が紹介されるようになったと考えられる。スペリングの変化は、発音の変化も予想できる。例えば OED は、inkyo /ɪŋkjəʊ/「隠居」は 1911 年以降のスペリングであり、それ以前の 1871 年に inkiyo が書物に記載されていると述べている。inkiyo は /ɪŋkijəʊ/ と発音されていたと考えられる。

　『研究社新英和大辞典』の第 5 版と第 6 版を比較しながら、日本語の発音を見てきた。基本的には両版に大幅な違いは見られないのであるが、一貫性に欠けていた発音を整理しようという試みは感じられた。しかし、長い間記載されてきた発音を、現実に合わないからといって削除、修正するのは容易なことではないのだろう。第 6 版では、samurai「侍」や tsutsugamusi「つつが虫」のように、複数の発音例が極端に少なくなっている語があるが、それはアクセントの違いがなくなったためである。逆に tempura「てんぷら」のように、第 6 版で発音例の多くなっているものもある。二重母音の発音を加えたためである。しかし、このような例は稀であり、第 5 版の発音の多様性は第 6 版でも変わってはいない。

　辞典は、再版によって語数が減るよりも増えるのが常である。『研究社』も第 6 版に多くの日本語が加えられ、削除されたのは筆者の調べた範囲では gagaku「雅楽」だけである。しかし、もっと新語を加えても良かったのではないだろうか。「ふぐ」、「下駄」、「仮名」、「漢字」、「ラーメン」など良く使われる語が加えられていない。『研究社』には都市、人名といった固有名詞が少ない。これは日本で出版されている辞典だからであって、ODP や LPD のように最近外国で出版された辞典には固有名詞が多く

なっている。

『研究社新英和大辞典』に載っている日本語の発音記号一覧表

第5版の発音は [ ] で表記し、第6版の発音は / / で表記している。太字は第6版に新出の語である。米音と英音の中間の発音は、両音に共通の発音である。

	米音	米/英音	英音	日本語
ai·ki·do	[àıkıdóʊ]		[àıkıdə́ʊ]	合気道
	/aıkí:dọʊ/		/aıkí:dəʊ/	
Ai·nu		[áınu:]		アイヌ族
		/áınu:/		
A·ki·ta	/əkí:tə/		/əkí:tə/	**秋田犬**
a·ke·bi	[ɑ́:kəbı]		[ɑ́:kıbı]	あけび
	/ɑ́:kəbi/	/ɑ́:kıbi/		
		/ɑ́:kəbi/		
ban·zai		[bɑ:nzáı]		万歳
	/bɑ̀:nzáı/		/bæ̀nzáı/	
		/bɑ̀:nzáı/		
Bon	[bɔ́(:)n]		[bɔ́n]	盆
	/bɔ́(:)n/		/bɔ́(:)n/	
	/bɑ́(:)n/			
bon·sai	[boʊnsáı]		[bɔ́nsaı]	盆栽
	[bɑnsáı]		[bɔ́ʊnsaı]	
	[bóʊnsaı]			
	[bánsaı]			
	/boʊnsáı/		/bɔ́nsaı/	
	/bɑ(:)nsáı/		/bɔ́ʊnsaı/	
	/bóʊnsaı/			

第 3 章 『研究社新英和大辞典』にある日本語の発音

	/bá(ː)nsaɪ/		
Bun·ra·ku, bun·ra·ku	[bʊnráːkuː]		文楽
	/bʊnráːkuː/		
Bu·shi·do	[bʊ́ʃɪdòʊ]	[búːʃiːdóʊ]	武士道
	[baːʃɪdòʊ]		
	/bʊ́ʃɪdòʊ/	/bʊʃíːdəʊ/	
	/búːʃɪdòʊ/	/bòʃɪdə́ʊ/	
cha·no·yu	[tʃɑ̀ːnoʊjúː]	[tʃɑ̀ːnəʊjúː]	茶の湯
	/tʃɑ̀ːnoʊjúː/	/tʃɑ̀ːnəʊjúː/	
cho·ro·gi	[tʃɔ́ːro(ʊ)gìː]	[tʃɔ́ːrə(ʊ)gìː]	[植物] チョロギ
	[tʃóːro(ʊ)gìː]		
	/tʃɔ́ːroʊgìː/	/tʃɔ́ːrə(ʊ)gìː/	
dai·my·o,	[dáɪmiòʊ]	[dáɪmɪɔ́ʊ]	大名
dai·mi·o	[dáɪmjoʊ]	[dáɪmjəʊ]	
	/dáɪmjoʊ/	/dáɪmjəʊ/	
dan		[dɑːn]	段
		/dɑːn/	
do·jo	[dóʊdʒoʊ]	[dɔ́ʊdʒəʊ]	道場
	/dóʊdʒoʊ/	/dɔ́ʊdʒəʊ/	
fu·ji		[f(j)úːdʒiː]	富士絹
		/ fúːdʒi/	
Fu·ji·mo·ri	/fùːdʒɪmɔ́ːri/	/fùːdʒɪmɔ́ːri/	フジモリ
	/fùːdʒəmɔ́ːri/		前ペルー大統領
fu·ton	/fúːtɑ(ː)n/	/fúːtɔn/	**布団**
	/fjúːtɑ(ː)n/	/fjúːtɔn/	
ga·ga·ku, Ga·ga·ku	[gɑːgɑ́ːkuː]		雅楽
第 6 版になし			
gei·sha	[géɪʃə]	[géɪʃə]	芸者
	[gíːʃə]		

123

	/géɪʃə/	/géɪʃə/	
	/gíːʃə/		
go, Go	[góʊ]	[gɔ́ʊ]	碁
	/góʊ/	/gɔ́ʊ/	
go·bang	[goʊbǽŋ]	[gəʊbǽŋ]	五目ならべ
	/goʊbǽŋ/	/gəʊbǽŋ/	
ha·bu	[hɑ́ːbuː]		［植物］ハブ
	/hɑ́ːbuː/		
ha·bu·tai, ha·bu·tae	[hɑ́ːbʊtàɪ]		羽二重
	/hɑ́ːbətàɪ/		
hai·ku	[háɪkuː]		俳句
	/háɪkuː/		
ha·ni·wa	[hɑ́ːnɪwɑ̀ː]	[hɑ́ːnɪwɑ̀ː]	埴輪
	[hɑ́ːnəwɑ̀ː]		
	/hɑ́ːnɪwɑ̀ː/	/hɑ́ːnɪwɑ̀ː/	
	/hɑ́ːnəwɑ̀ː/		
ha·ra·ki·ri	[hæ̀rəkíri]	[hæ̀rəkíri]	腹切り
	[hæ̀rɪkíri]		
	/hɑ̀ːrəkíri/	/hæ̀rəkíri/	
	/hɛ̀rəkíri/	/hæ̀rəkíəri/	
hi·ba·chi	[hɪbɑ́ːtʃi]	[hɪbɑ́ːtʃɪ]	火鉢
	/hɪbɑ́ːtʃi/		
hi·ba·ku·sha	[hɪbɑ́ːkʊʃɑ̀ː]		被爆者
	/hìːbəkúːʃə/	/hɪbɑ́ːkʊʃə/	
hok·ku	[hɔ́(ː)kuː]	[hɔ́kuː]	発句
	[hɑ́kuː]		
	/hɔ́(ː)kuː/	/hɔ́kuː/	
	/hɑ́(ː)kuː/		
hon·cho	[hɑ́ntʃoʊ]	[hɔ́ntʃəʊ]	班長

第3章　『研究社新英和大辞典』にある日本語の発音

	/há(ː)ntʃoʊ/	/hɔ́ntʃəʊ/	
i·ke·ba·na	[ìkeɪbάːnə]		生花
	[ìːkeɪbάːnə]		
	[ìːkəbάːnə]		
	[ìːkɪbάːnə]		
	/ìkeɪbάːnə/		
	/ìːkeɪbάːnə/		
	/ìːkɪbάːnə/		
in·ro	[ínroʊ]	[ínrəʊ]	印籠
	/ínroʊ/	/ínrəʊ/	
I·shi·gu·ro	/ìʃɪgúˀroʊ/	/ìʃɪgúərəʊ/	**イシグロ・カズオ**
I·shi·ha·ra test	[ìʃɪhάːrə tèst]		石原式色盲検査法
	/ìʃiːhάːrə tèst/		
Is·sei	[iːséɪ]		一世
is·sei	[íːseɪ]		
	/iːséɪ/		
	/íːseɪ/		
i·tai-i·tai	[íːtaɪíːtaɪ]		イタイイタイ病
	/íːtaɪíːtaɪ/		
jin·rik·i·sha	[dʒɪnríkʃɔː]	[dʒɪnríkʃə]	人力車
	[dʒənríkʃɔː]		
	[dʒɪnríkʃɑː]		
	/dʒɪnrík(ə)ʃɔː/	/dʒɪnríkɪʃə/	
	/dʒɪnrík(ə)ʃɑː/	/dʒɪnríkəʃə/	
ju·do	[dʒúːdoʊ]	[dʒúːdəʊ]	柔道
	/dʒúːdoʊ/	/dʒúːdəʊ/	
ju·do·ist	[dʒúːdoʊɪst]	[dʒúːdəʊɪst]	柔道家
	[dʒúːdoʊəst]		
	/dʒúːdoʊɪst/	/dʒúːdəʊɪst/	

	/dʒúːdoʊəst/		
ju·jit·su		[dʒuːdʒítsuː]	柔術
	/dʒuːdʒítsuː/		
ju·jut·su		[dʒuːdʒútsuː]	柔術
	/dʒuːdʒútsuː/		
ka·bu·ki	[kəbúːki]	[kəbúːki]	歌舞伎
Ka·bu·ki	[kəbúki]		
	[káːbʊkìː]		
	/kəbúːki/	/kəbúːki/	
	/kɑːbúːki/		
	/káːbʊkìː/		
ka·ke·mo·no	[kàːkɪmóʊnoʊ]	[kæ̀kɪmóʊnəʊ]	掛け物
	/kàːkəmóʊnoʊ/	/kikɪmóʊnəʊ/	
ka·ki	[káːki]	[káːkɪ]	柿
		/káːki/	
kak·ke	[kǽki]	[kǽkɪ]	脚気
	[káːkeɪ]	[káːkeɪ]	
	/kǽki/		
	/káːkeɪ/		
ka·mi	[káːmi]	[káːmɪ]	「神道の」神
	/káːmi/		
ka·mi·ka·ze	[kàːmɪkáːzi]	[kàːmɪkáːzɪ]	神風
	[kàːməkáːzi]		
	/kàːməkáːzi/	/kæmɪkáːzi/	
		/kæməkáːzi/	
ka·ra·o·ke	/kæ̀rióʊki/	/kæ̀riəʊki/	カラオケ
	/kɛ̀rióʊki/		
	/kæ̀rəóʊki/		
ka·ra·te	[kərάːṭi]	[kərάːtɪ]	空手

第3章 『研究社新英和大辞典』にある日本語の発音

		[kærɑ́ːtɪ]	
	/kərɑ́ːṭi/	/kərɑ́ːti/	
		/kærɑ́ːti/	
ka·ra·te·ist	[kərɑ́ːṭiɪst]	[kərɑ́ːtiɪst]	空手家
	[kərɑ́ːṭiəst]	[kærɑ́ːtiɪst]	
	/kərɑ́ːṭiɪst/	/kərɑ́ːtiɪst/	
		/kærɑ́ːtiɪst/	
kat·su·ra tree		[kɑ́ːtsərə trìː]	［植物］カツラ
		/kɑ́ːtsərə trìː/	
Ka·wa·sa·ki disease	/kɑ̀ːwəsɑ́ːki dɪzìːz/		川崎病
Ki·bei, ki·bei	[kìːbéɪ]		帰米二世
	/kìːbéɪ/		
ki·mo·no	[kɪmóʊnə]	[kɪmóʊnəʊ]	着物
	[kəmóʊnə]		
	[kɪmóʊnoʊ]		
	/kɪmóʊnə/	/kɪmóʊnəʊ/	
	/kəmóʊnə/	/kəmóʊnəʊ/	
	/kɪmóʊnoʊ/		
	/kəmóʊnoʊ/		
ki·rin	[kiːrín]		麒麟
	/kiːrín/		
ko·an	[kóʊɑːn]	[kóʊɑːn]	（禅宗の）公案
	/kóʊɑːn/	/kóʊæn/	
ko·i	[kóɪ]		［魚類］コイ
	/kóɪ/		
ko·jic acid	[kóʊdʒɪk ǽsɪd]	[kóʊdʒɪk ǽsɪd]	こうじ酸
	/kóʊdʒɪk ǽsɪd/	/kóʊdʒɪk ǽsɪd/	
ko·to	[kóʊṭoʊ]	[kóʊtəʊ]	琴
	/kóʊṭoʊ/	/kóʊtəʊ/	

127

Ku·ro·shi·o	[kʊróʊʃiòʊ]		[kʊráʊʃiəʊ]	黒潮
	/kʊróʊʃiòʊ/		/kʊráʊʃiəʊ/	
mi·ka·do	[məká:doʊ]		[mɪká:dəʊ]	帝
	/mɪká:doʊ/		/mɪká:dəʊ/	
	/məká:doʊ/		/məká:dəʊ/	
ne·tsu·ke		[néts(ʊ)ki]		根付け
		[nétskeɪ]		
		[nétsʊkèɪ]		
	/nétski/		/nétskeɪ/	
	/nétsʊkèɪ/		/nétski/	
			/nétsʊki/	
			/nétsʊkeɪ/	
nin·ja		/níndʒə/		忍者
Nip·pon	[nɪpán]		[nípɔn]	日本
	[nípɑn]			
	/nɪpá(:)n/		/nípɔn/	
	/nípɑ(:)n/			
Nip·pon·ese	[nìpəní:z]		[nìpəní:z]	日本人（の）
	[nìpəní:s]			
	/nìpəní:z/		/nìpəní:z/	日本人（の）
	/nìpəní:s/			
Nip·po·ni·an	[nɪpóʊniən]		[nɪpáʊnjən]	日本人（の）
			[nɪpáʊnɪən]	
Ni·sei, ni·sei	[ni:séɪ]			二世
	/ni:séɪ/		/ni:séɪ/	
	/ní:seɪ/			
No·gu·chi	/noʊgú:tʃi/		/nəʊgú:tʃi/	ノグチ・イサム
No, no	[nóʊ]		[nɔ́ʊ]	能

128

第 3 章　『研究社新英和大辞典』にある日本語の発音

	/nóʊ/	/nóʊ/	
nun·cha·ku	[nuːntʃáːkuː]		ヌンチャク
	/nʌntʃáːkuː/		
obi	[óʊbi]	[óʊbɪ]	帯
	/óʊbi/	/óʊbi/	
o·ri·ga·mi	[ɔ̀(ː)rəgáːmi]	[ɔ̀rɪgáːmɪ]	折り紙
	[ɑ̀rəgáːmi]		
	/ɔ̀(ː)rɪgáːmi/	/ɔ̀(ː)rɪgáːmi/	
	/ɔ̀(ː)rəgáːmi/	/ɔ̀(ː)rəgáːmi/	
	/ɑ̀(ː)rɪgáːmi/		
	/ɑ̀(ː)rəgáːmi/		
pa·chin·ko	[pətʃíŋkoʊ]	[pətʃíŋkəʊ]	パチンコ
	/pətʃíŋkoʊ/	/pətʃíŋkəʊ/	
ra·ku ware		[ráːkuː wɛ̀ɚ]	楽焼き
ra·ku		/ráːkuː/	**楽焼き**
ren·ga		[réŋgə]	連歌
		/réŋgə/	
ro·ma·ji	[róʊmədʒi]	[rɔ́ʊmədʒɪ]	ローマ字
	/róʊmədʒi/	/rɔ́ʊmədʒi/	
ry·u		/riúː/	**流（武道の流派）**
Ryu·kyu	[rɪ(j)úːkjuː]	[rɪ(j)úːkjuː]	琉球諸島
ɪslands	[rjúːkjuː]	[rjúːkjuː]	
	/ri(j)úːkjuː/		
sa·ke	[sáːki]	[sáːkɪ]	酒
	/sáːki/	/sáːki/	
		/sáːkeɪ/	
sam·i·sen	[sǽməsèn]	[sǽmɪsèn]	三味線
	/sǽməsèn/	/sǽmɪsèn/	
sa·mu·rai	[sǽm(j)ʊràɪ]	[sǽm(j)ʊràɪ]	侍

	[sá:mʊraɪ]		
	[sæm(j)ʊráɪ]		
	[sà:mʊráɪ]		
	/sæm(j)ʊràɪ/		
San·sei, san·sei	[sɑ:nséɪ]		三世
	/sɑ:nséɪ/		
	/sá:nseɪ/		
sa·shi·mi	[sá:ʃɪmi]	[sá:ʃɪmɪ]	刺身
	/sɑ:ʃí:mi/	/sæʃí:mi/	
		/səʃí:mi/	
sa·to·ri	[sətɔ́:ri]	[sətɔ́:rɪ]	悟り
	[sətó:ri]		
		/sətɔ́:ri/	
sat·su·ma		[sætsú:mə]	薩摩焼き
		[sǽtsʊmə]	（第1の意味）
sat·su·ma		/sætsú:mə/	ウンシュウミカン
		/sǽtsʊmə/	
sen		[sén]	銭
		/sén/	
sep·pu·ku		[sepú:ku:]	切腹
		[sépʊkù:]	
		/sɛpú:ku:/	
Se·to (ware)	[séɪt̬oʊ (wqɚ)]	[séɪtəʊ (wɛ̀ɚ)]	瀬戸焼
	[sét̬oʊ-]	[sétəʊ-]	
	/séɪtoʊ (wqɚ)/	/séɪtəʊ (wqɚ)/	
	/sét̬oʊ-/	/sétəʊ-/	
sha·ku·do	/ʃɑ̀:ku:dóʊ/	/ʃǽku:də̀ʊ/	**赤銅**
sha·ku·ha·chi	[ʃɑ̀:kʊhá:tʃi]	[ʃɑ̀:kʊhá:tʃɪ]	尺八
	/ʃj:kʊhá:tʃi/		

第3章 『研究社新英和大辞典』にある日本語の発音

shi·a·tsu	/ʃiɑ́ːtsuː/	/ʃiǽtsuː/	指圧
Shin·gon	[ʃíngɑn]	[ʃíngɔn]	真言宗
	[ʃíːngɑn]	[ʃíːngɔn]	
	/ʃíŋgɑ(ː)n/	/ʃíŋgɔn/	
	/ʃíːŋgɑ(ː)n/	/ʃíːŋgɔn/	
Shin·to	[ʃíntoʊ]	[ʃíntəʊ]	神道
	/ʃíntoʊ/	/ʃíntəʊ/	
sho·gun,	[ʃóʊgʌn]	[ʃɔ́ʊgʌn]	将軍
Sho·gun	[ʃóʊgən]	[ʃɔ́ʊgən]	
	/ʃóʊgʌn/	/ʃɔ́ʊgʌn/	
	/ʃóʊgʊn/	/ʃɔ́ʊguːn/	
	/ʃóʊguːn/	/ʃɔ́ʊgən/	
sho·ji	[ʃóʊdʒɪ]	[ʃɔ́ʊdʒɪ]	障子
	/ʃóʊdʒi/	/ʃɔ́ʊdʒi/	
sho·yu	/ʃóʊjuː/	/ʃɔ́ɪjuː/	醤油
		/ʃɔ́ɪuː/	
su·ki·ya·ki	[skɪjɑ́ːki]	[sóʊkɪjǽkɪ]	すき焼き
	[sóʊkɪjɑ́ːki]	[súːkɪjǽkɪ]	
	[sùːkɪjɑ́ːki]	[sóʊkɪjɑ́ːkɪ]	
	/sùːkɪjɑ́ːki/	/sùːkɪjɑ́ːki/	
	/sòʊkɪjɑ́ːki/	/sòʊkɪjɑ́ːki/	
	/skɪjɑ́ːki/	/sòʊkɪjǽki/	
su·mo	[súːmoʊ]	[súːməʊ]	相撲
	/súːmoʊ/	/súːməʊ/	
su·shi	[súːʃi]	[súːʃɪ]	寿司
	/súːʃi/		
Su·zu·ki Method		/səzúːki mèθəd/	鈴木バイオリン教育法
tai		[táɪ]	鯛

131

		/táɪ/	
tan·ka		[táːŋkə]	短歌
	/táːŋkə/	/táːŋkə/	
		/tǽŋkə/	
ta·ta·mi	[tɑːtáːmi]	[tɑːtáːmɪ]	畳
	[tætáːmi]	[tætáːmɪ]	
	[tətáːmi]	[tətáːmɪ]	
		/tɑːtáːmi/	
		/tætáːmi/	
		/tətáːmi/	
tem·pu·ra		[témpərə]	てんぷら
		[témpərùː]	
		[tempúrə]	
	/témpʊrə/	/témpərə/	
	/témpʊràː/	/tɛmpúərə/	
	/tempúʳrə/		
to·fu	[tóʊfuː]	[táʊfuː]	豆腐
	/tóʊfuː/	/táʊfuː/	
to·ko·no·ma	[tòʊkənóʊmə]	[tàʊkənáʊmə]	床の間
	/tòʊkənóʊmə/	/tàʊkənáʊmə/	
to·kyo·ite	[tóʊkioʊàɪt]	[táʊkjəʊàɪt]	東京都民
		[táʊkɪəʊàɪt]	
	/tóʊkioʊàɪt/	/táʊkiəʊàɪt/	
to·ri·i	[tɔ́ːriìː]	[tɔ́ːrìː]	鳥居
	[tóːriìː]		
		/tɔ́ːriìː/	
tsu·na·mi	[(t)sʊnáːmi]	[tsʊnǽmɪ]	津波
	[(t)suːnáːmi]		
		/(t)suːnǽmi/	

第3章 『研究社新英和大辞典』にある日本語の発音

	/(t)suːnǽmi/		
tsu·tsu·ga·mu·shi	[(t)sùːtsʊgəmúːʃi]	[tsùːtsʊgəmúːʃɪ]	つつが
disease	[tùːtsʊgəmúːʃi]	[tsùːtsʊgáːmʊʃɪ]	虫病
	[tùːtsʊgáːmʊʃi]		
	/(t)sùːtsʊgəmúːʃi/		
u·do	[údoʊ]	[údəʊ]	［植物］ウド
	/úːdoʊ/	/úːdəʊ/	
u·ki·yo·e	[uːkíːjo(ʊ)(j)éɪ]	[uːkìːjə(ʊ)(j)éɪ]	浮世絵
u·ki·yo-ye	/ùːkioʊ(j)éɪ/	/ùːkiəʊ(j)éɪ/	**浮世絵**
wa·sa·bi	[wɑ́ːsəbi]	[wɑ́ːsəbɪ]	ワサビ
	/wɑ́ːsəbi/		
ya·gi	[jɑ́ːgi]	[jɑ́ːgɪ]	八木アンテナ
	[jǽgi]	[jǽgɪ]	
	/jɑ́ːgi/		
	/jǽgi/		
ya·ki·to·ri	/jǽːkitóːri/	/jǽkitóːri/	**焼き鳥**
	/jɑ̀ːkitóːri/		
Ya·ma·to-e	[jɑːmɑ́ːtoʊèɪ]	[jɑːmɑ́ːtəʊèɪ]	大和絵
	/jɑ̀ːmɑːtoʊéɪ/	/jǽmætəʊèɪ/	
Ya·yoi	[jɑːjóɪ]		弥生式の
	/jɑːjóɪ/		
yen	[jén]		円
	/jén/		
Yu·ka·wa	[juːkɑ́ːwɑː]		湯川型
potential	/juːkɑ́ːwɑː/		ポテンシャル
Yo·ko·ha·ma	[jòʊkəhɑ́ːmə bíːn]	[jèʊkə(ʊ)hɑ́ːmə bíːn]	
bean			ハッショウマメ
	/jóʊkəhɑ̀ːmə bíːn/	/jə̀ʊkə(ʊ)hɑ̀ːmə bíːn/	
zai·ba·tsu	[záɪbɑːtsùː]		財閥

133

		/zàıbɑːtsú:/	/zàıbætsú:/	
ŋen		[zén]		禅
		/zɛ́n/		
zo·ri	[zɔ́·ri]		[zɔ́:rɪ]	草履
	[zó:ri]			
		/zɔ́:ri/		

第4章 *The Oxford Dictionary of Pronunciation for Current English* にある日本語の発音

4.1 はじめに

　前章では『研究社新英和大辞典』（以下『研究社』）第5版と第6版に載っている日本語の発音について述べた。この辞典には、日本で発行されているためか、原語の発音を維持しようという面が窺われた。原語に近い発音を保持しながらも、他の面では英語の音韻体系に従っているのは *OED*（*The Oxford English Dictionary*）や *Webster*（*Webster's Third New International Dictionary*）についても同じである。『研究社』、*OED*、*Webster* のような古い辞典は、古典的だからといって、これまで記載されてきた発音を容易に変更、あるいは削除できるものではない。過去の記録として残すことにも、その価値があると思われる。

　上記の3大英語辞典ほど過去の発音にとらわれずに、現在英語圏で用いられるようになってきた語彙や発音にも注目している辞典が、本章で扱う *The Oxford Dictionary of Pronunciation for Current English*（2001）（以下 *ODP*）である。『研究社』に比べて一つの語に対する代替発音が少ないのは、新しい辞典であるため、古い不使用の発音を削除し、現在使用されている発音のみ記載したためであろう。このことについて *ODP* は Preface で次のように述べている。

(1) 　WE ARE DELIGHTED to offer our models and transcriptions for the pronunciation of British and American English, in what we believe to be a new manner for the new millennium. We have

> developed our British and American models, not as incremental improvements upon some prior practice but as the product of our long research experience as students of language variation in Britain and America. ... We believe that our wide experience with variation gives us standing to create pronunciation models which avoid slavish imitation of the dialects of self-appointed arbiters of taste or style in language, in favour of patterns which reflect the actual speech of real people. (*ODP* : vii)

　ODP は上記のように、古い発音ではなく、現在実際に話されているモデルとなるべき発音を載せていると述べているが、話す頻度の少ない日本語の発音に関しては、従来から既存の辞書に記載されている発音は容易に削除できないし、それは *ODP* についても同じであると思われる。
　ODP には地域名 (Hiroshima, Hokkaido, Kobe)、人名 (Ito, Kurosawa, Ozawa)、会社名（Daihatsu, Honda, Yamaha）等の固有名詞が多くなっている。これは最近の情報化時代を反映するものであり、同じく英語圏で発行された *OED* や *Webster* には見られないものである。また、最近発行の『研究社』第6版に固有名詞が少ないのは、日本で発行された辞典であり、自国の固有名詞の記載は不必要だからである。

4.2　*ODP* の発音記号

　ODP にはアメリカ英語（American English）（以下米音）とイギリス英語（British English）（以下英音）の発音が載っている。日本語の発音を述べる前に、*ODP* での米音と英音の違いについて述べよう。*ODP* で使用している発音記号は、概して音声的であり、実際に話されているものであると次のように述べている。

(2)　Transcriptions in the text are broadly phonetic. That is, the

第4章　*The Oxford Dictionary of Pronunciation for Current English* にある日本語の発音

transcriptions represent actual pronunciations, often with several variant forms per headword, not abstract sound units which include and hide potential variation. For instance, both [ruːm~rum] and [rʊm] are possible pronunciation for room, both [ɛks-] and [ɛgz-] are represented for some words beginning with ex- + vowel. (*ODP*: x)

（2）で述べられている実際の発音（actual speech）の例は room と ex- の代替発音であるが、*ODP* には他の代替発音の例として、[r] の挿入 (law [lɔː(r)])、/t/ の有声化 (better [bɛdər])、/t/ 脱落 (twenty [twɛnti] → [twɛni])、共鳴音の成節化 (button [bʌtn̩], bottle [bɒtl̩]) などがある。/t/ の有声化に関しては、弾音 [ɾ] の方がより精密であるが、記号の複雑さを避けたのであろう。

　ODP には実際に話される発音が記載されているといっても発音記号には制限があるので、簡略表記 (broad transcription) にならざるをえないことがある。このことについて *ODP* は次のように述べている。

(3)　A limited symbol set results in broad transcriptions, and may suggest de facto phonemicization to some readers, but our intention is always to indicate actual sounds to be produced.

(*ODP*: x)

（3）で述べられている音素化 (phonemicization) とは、例えば、r 音色の [ɚ] (doctor [dɔktɚ])、鼻母音の [ɛ̃] (pen [pɛ̃n])、声門閉鎖音の [ʔ] (bottle [bɒʔl̩]) のような発音記号を用いていないということである。但し、英音ではあるが、フランス語借用語の bon vivant [bɒ̃ viːvɒ̃]「美食家、食通」には鼻母音の記号が用いられている。『研究社』には米音、英音共に代替発音として鼻母音が載っている。

　ODP の母音体系について述べよう。まず米音の発音から見ていく。

（4）米音の母音（*ODP* : x）

	Front	Central	Back
High	i		u
	ɪ		ʊ
	e		o
Mid		ə	
	ɛ		ɔ
	æ		
Low		ɑ	

diphthongs: eɪ, aɪ, ɔɪ, aʊ, oʊ

　多くの音声学の研究書は [ɑ] を非円唇低後舌母音（low back unrounded vowel）と記述してきた。ところが *ODP* では低中舌母音（low central vowel）となっている。これは最近の米音に見られる低母音の時計回り移動を反映したものであろう。（4）には二重母音 [aɪ], [aʊ] の [a] の位置が書かれていないが、[ɑ] が中舌母音であるので、前舌の位置に移動したと考えられる。[ɔ] は IPA（国際音声字母）と同様、低め中後舌母音（lower-mid back vowel）であるが、高め低後舌母音（upper-low back vowel）と記述している研究書もある。

　（4）の米音母音表には [ʌ] がない。[ʌ] は一般的な英語辞典では hút [hʌ́t], móther [mʌ́ðər] の強勢母音として示されている。しかし、*ODP* では中中舌母音（mid central vowel）の [ə] が用いられ、[hə́t], [mə́ðər] である。一般に [ə] は強勢のない母音の発音であり、/r/ の前の強勢母音は bírd [bɜrd], cértain [sɜrtən] のように [ɜ] が用いられることがあるが、*ODP* では強勢のあるなしに係わらず、[ə] が用いられている。

　ODP の英音は、イギリスの標準的発音である容認発音に基づいており、次のようである。

（5）英音の母音（*ODP*：x）

	Front	Central	Back
High	iː		uː
	ɪ		ʊ
	e	ə	
Mid			
	ɛ	ʌ	ɔː
Low	a	ɑː	ɒ

diphthongs: eɪ, ʌɪ, ɔɪ, aʊ, əʊ

　英音の母音の数が米音より一つ多いが、米音に二重母音の [a] を加えると両音共、同じ12種の母音になる。母音の数は同じでも米音と英音には大きな違いがある。一つには、英音には長母音が四つ（iː, uː, ɔː, ɑː）ある。二つには、米音にない [ʌ] と [ɒ] がある。[ɒ] は低後舌円唇母音（low back rounded vowel）であり、米音の [ɑ] に対応する。米音 hot [hɑt] が英音では [hɒt] と発音される。両音の発音の最大の相違は円唇性にある。英語は後舌性が強い程円唇性が強いので、[ɑ], [ɑː], [ɒ] の三つの母音は、後ろの母音ほど円唇性が強いことになる。

　米音と英音の違いの三つ目は、英音には [o] と [æ] がない。米音の boat [boʊt] は英音では [bəʊt] と発音され、米音の cat [kæt] は英音では [kat] と発音されている。米音の [æ] が [ɛ] に近くなり、英音の [æ] が [a] に近くなっていることについて、『研究社』第6版には次のように書かれている。

（6）米音では /æ/ は最近かなり大きな変動が起こっている。一つは /æ/ が二重母音化して /ɛə/ のように二重母音化すること、もう一つは舌の位置が高くなって上の /ɛ/ に接近して両者の区別が曖昧となる傾向である。このため to gather /təgǽðɚ/ と together /təgɛ́ðɚ/

139

などがしばしば同じ発音に聞こえる。いっぽう英音では逆に舌の位置が低くなって [a] に近づく傾向がある。

(『研究社』第6版: x ⅲ)

『研究社』では英音も従来どおり /æ/ で示しているが、*ODP* は [a] で示している。最近の傾向をいち早く取り入れた発音記号である。

米音と英音の違いの四つ目は、[ə] と [ɑ] の位置が米音と違うことである。英音では、[ə] は高め中中舌母音（upper-mid central vowel）であり、[ɑ:] は中舌と後舌の中間の位置にある。更に、[ə] と [ʌ] は共に中舌母音であるが、高めの [ə] と 低めの [ʌ] に分けられている。一方、米音ではこれら二つの音声は区別されずに [ə] と記載されている。

英音の母音表には、[i:] は記載されているが [i] がない。しかし、funny [fʌni], very [vɛri] の語末の発音は [i] となっている。このことを音素表記と音声表記の面から述べよう。[fʌni], [vɛri] の [i] は、音声表記であり、音素表記である弛緩母音の /ɪ/ が語末で緊張母音 [i] に発音されたものである。しかし、/ɪ/ は長母音の [i:] には発音されていない。agrée [əgrí:], trustée [trʌstí:] の語末は長母音 [i:] に発音されるが、その音素は緊張母音の /i/ であって /ɪ/ ではない。英音の母音表は、音素表記よりはむしろ音声表記であるため /i/ が書かれていない。英音で実際に話される高前舌母音（high front vowel）は、[i:], [i], [ɪ] の三つである。/ɪ/ は語中では [ɪ]、語末では [i]、/i/ は語中、語末共 [i:] と発音される。

米音と英音を比較すると次のようになる。

（7）母音の発音

 1．米音　　　　　　　　　　2．英音

  a. [i] m<u>ee</u>t[mit], sl<u>ee</u>p[slip]　　a. [i:] m<u>ee</u>t[mi:t], sl<u>ee</u>p[sli:p]
   sleep<u>y</u>[slipi], ver<u>y</u>[vɛri]　　b. [i] sleep<u>y</u>[sli:pi], ver<u>y</u>[vɛri]
  b. [ɪ] c<u>i</u>ty[sɪti], f<u>i</u>ll[fɪl]　　　c. [ɪ] 左の米音に同じ
  c. [eɪ] gr<u>ea</u>t[greɪt], r<u>ai</u>n[reɪn]　d. [eɪ] 左の米音に同じ

第 4 章 The Oxford Dictionary of Pronunciation for Current English にある日本語の発音

  d. [ɛ] p<u>e</u>t[pɛt], st<u>e</u>p[stɛp]　　　　e. [ɛ] 左の米音に同じ
    b<u>ea</u>r[bɛ(ə)r], st<u>a</u>re[stɛ(ə)r] f. [ɛː] b<u>ea</u>r[bɛː(r)], st<u>a</u>re[stɛː(r)]
  e. [æ] c<u>a</u>t[kæt], h<u>a</u>m[hæm]　g. [a] c<u>a</u>t[kat], h<u>a</u>m[ham]
    <u>a</u>fter[æftər],　　　　　　h. [a, ɑː] <u>a</u>fter[aftə(r), ɑːftə(r)],
    s<u>a</u>mple[sæmpl̩]　　　　　　　　s<u>a</u>mple[sampl̩, sɑːmpl̩]
  f. [u] f<u>oo</u>d[fud], b<u>oo</u>m[bum]　i. [uː] f<u>oo</u>d[fuːd], b<u>oo</u>m[buːm]
  g. [ʊ] f<u>oo</u>t[fʊt], c<u>oo</u>k[kʊk]　　j. [ʊ]　左の米音に同じ
  h. [oʊ] b<u>oa</u>t[boʊt], t<u>oe</u>[toʊ]　k. [əʊ] b<u>oa</u>t[bəʊt], t<u>oe</u>[təʊ]
  i. [ɔ] d<u>oo</u>r[dɔ(ə)r], sh<u>or</u>t[ʃɔ(ə)rt] l. [ɔː] d<u>oo</u>r[dɔː(r)], sh<u>or</u>t[ʃɔːt]
  j. [ɔ, ɑ] b<u>ough</u>t[bɔt, bɑt], s<u>aw</u>　　b<u>ough</u>t[bɔːt], s<u>aw</u>[sɔː(r)]
    [sɔ, sɑ], d<u>o</u>g[dɔg, dɑg],
    s<u>o</u>ng[sɔŋ, sɑŋ]　　　　　m. [ɒ] d<u>o</u>g[dɒg], s<u>o</u>ng[sɒŋ]
  k. [ɑ] h<u>o</u>t[hɑt], <u>o</u>x[ɑks]　　　　　h<u>o</u>t[hɒt], <u>o</u>x[ɒks]
    f<u>a</u>ther[fɑðər], c<u>a</u>r[kɑr]　n. [ɑː] f<u>a</u>ther[fɑːðə(r)], c<u>a</u>r[kɑː(r)]
  l. [ə] b<u>ir</u>d[bərd], st<u>ir</u>[stər]　o. [əː] b<u>ir</u>d[bəːd], st<u>ir</u>[stəː(r)]
    h<u>u</u>t[hət], f<u>u</u>nny[fəni]　p. [ʌ] h<u>u</u>t[hʌt], f<u>u</u>nny[fʌni]
  m. [aɪ] n<u>i</u>ce[naɪs], t<u>i</u>de[taɪd]　q. [ʌɪ] n<u>i</u>ce[nʌɪs], t<u>i</u>de[tʌɪd]
  n. [ɔɪ] t<u>oy</u>[tɔɪ], empl<u>oy</u>[əmplɔɪ] r. [ɔɪ]　左の米音に同じ
  o. [aʊ] h<u>ou</u>se[haʊs], <u>ou</u>t[aʊt]　s. [aʊ]　左の米音に同じ

（5）の英音の母音表には [ə] と [ɛ] の長母音がないのであるが、（7）では bear [bɛː(r)], stir [stəː(r)] と長母音 [ɛː], [əː] が記載されている。[ɛː], [əː] と [ɔː], [ɑː] の違いは、[ɔː], [ɑː] は、door [dɔː(r)], bought [bɔːt], father [fɑːðə(r)], car [kɑː(r)] のように必ずしも /r/ が後続していないが、[ɛː] と [əː] の後ろには必ず音素 /r/ があることである。

4.3　アクセント付与

  ODP のアクセントマークは『研究社』のとは異なっている。例えば、

141

ánecdòte は 'anec͵dote、màgazíne は ͵maga'zine、kàmikáze は ͵kami'kaze「神風」、rámèn は 'ra͵men「ラーメン」のように第1強勢 [']と第2強勢 [͵] を音節の前に示している。しかし、本章では二つのアクセント記号を用いるのはわずらわしいので、前章と同じく母音の上にマークを付けてアクセントを表わすことにする。

　前章で『研究社』に載っている日本語への主強勢規則を挙げたので、本章では繰り返さない。ODP でもやはり主強勢付与がスペリング、つまり書記素と音節構造によっている。第1強勢の付与される母音と付与されない母音の発音が、次の（8）語のように同じであることから、音節構造のみで強勢が付与されていないことが明らかである。また、スペリングについて言えば、英語のように音節の重さによってのみ強勢が決められるのではなく、高母音か非高母音かも大いに関与しているのである。次の（8）では、左の語は下線部の母音が第1強勢を取るが、右の語には第1強勢が付与されていない。なお、ODP には日本語の意味が載っていないので、筆者が付けたものである。

（8）a. <ai> : bònsái [bùnsáɪ]「盆栽」、séndài [sɛ́ndàɪ]「仙台」
　　　b. <u> : tòfú [tòʊfú]「豆腐」、ráku [rákù]「楽、楽焼」
　　　c. <o> : kimóno [kɪmɔ́ʊnəʊ]「着物」、shíkoku [ʃíːkəʊkuː]「四国」
　　　　　　　bùshidó [bùʃɪdɔ́ʊ]「武士道」、mikádo [mɪkáːdəʊ]「帝」

　前章で、『研究社』第6版では後ろから2番目の高母音音節にアクセントの付与される語が第5版より増えたことを述べたが、ODP にはその傾向が更に強く現れている。後ろから2番目の音節が高母音である語のアクセントを見てみよう。

（9）語末第2音節高母音のアクセント
　　 a. $\acute{V}C_0V\#$: aikído「合気道」、Akíta「秋田犬」、Aríta「有田焼」、azúki「あずき」、Fujítsu「富士通」、Ìshigúro「イシグロ」、

第 4 章　*The Oxford Dictionary of Pronunciation for Current English* にある日本語の発音

　　　　jùjítsu~jùjútsu「柔術」、kabúki「歌舞伎」、Kágoshíma「鹿児島」、Matsúi「松井」、màtsúri「祭り」、Mìtsubíshi「三菱」、mizúna「水菜」、ninjútsm「忍術」、Nogúchi「ノグチ」、Suzúki「鈴木」Tsushíma「対馬」、yakúza「やくざ」、yòkozúna「横綱」
b. $\acute{V}C_oVC_oV\#$：hábutài「羽二重」、nétsuke「根付け」、sámisèn「三味線」、sámurài「侍」
c. $\acute{V}C_oV\# \sim \acute{V}C_oVC_oV\#$：bushído（英音）〜 búshidò（米音）、
　　　　Hìroshíma 〜 Hiróshima「広島」、
　　　　Màtsushíta（英音）〜 Màtsúshita（米音）「松下」、
　　　　sashími（米音）〜 sáshimi（英音）「刺身」、
　　　　satsúma（米、英音）〜 sátsuma（米音）「薩摩焼」、
　　　　seppúku（米、英音）〜 séppuku（米音）「切腹」

アクセントが語末第 2 音節に付与される語が多くなってきているが、一方では（9b）に挙げた語のように、依然として古いアクセントパターンを維持しているものもある。（9c）のように二つのアクセントパターンを取る語も、いずれは一つのパターンに統一されるのであろう。しかし、現在のように、後ろから 2 番目の音節に強勢を付与する規則と、後ろから 2 番目の音節が高母音であればその前の音節に強勢を付与する規則が存在している限り、二つのパターンを持ち続けるであろう。*OED*, *Webster*、『研究社』第 5 版に比べればかなり語末第 2 音節にアクセントを付与する方向に向かっており、*ODP* には（9b）と（9c）に挙げた語以外に語末第 2 音節に第 1 強勢を取らない語は次のように数えるしかない。

(10) a. 語末強勢語
　　　　àikidó（米音）（他に aikído（米、英音）あり）、
　　　　bùshidó（英音）（他に búshidò（米音），bushído（英音）あり）、
　　　　bònsái（米音）（他に bónsài（米）、bónsai（英音）あり）、

143

jùdoká（米音）「柔道家」（他に júdokà（米音）、júdoka（英音）あり）、
fùtón（英音）「布団」（他に fútòn（米音）、fúton（英音）あり）、
gàijín「外人」、niséi（米音）「二世」（英音は nísei）、tòfú、
ùkiyo-é「浮世絵」

b. 語頭強勢語

rómaji「ローマ字」、Shíkoku（英音）（米音は Shikókù）、
Súbaru（米、英音）（英音に Subáru もあり）

前章でも述べたが、(10a) の bònsái, niséi, gàijín の語末の第 1 強勢は、重音節（VV, VC）だからであり、ùkiyo-é の語末の第 1 強勢は「浮世の絵」という意味で「絵」が主要部であるからである。語末の音節が二つの形態素の主要部としてみなされる語は他に àikidó, bùshidó, jùdoká がある。つまり、「合気の道」、「武士の道」、「柔道の達人」のように二つの形態素から成り立つ語と考えられるものである。一方、júdo「柔道」、kéndo「剣道」の <o> には強勢がない。これら 2 音節語は二つの形態素には分けられていない。また àikidó や bùshidó のような 3 音節語は、強弱強の好リズムパターンである。説明の難しいのが tòfú の語末に付く第 1 強勢である。参考までに aikido, bushido, tofu のアクセントを他の辞典で見てみよう。*LPD* は *Longman Pronunciation Dictionary*、『ジーニアス』は『ジーニアス和英大辞典』である。

(11) a. akido: àikído *OED*、àikidó『研究社』第 5 版、aikído『研究社』第 6 版、aikído *LPD* 米、英音、àikidó *LPD* 米音、áikido *LPD* 英音、aikído『ジーニアス』

b. bushido: búshido *OED*、búshidò *Webster*、Búshido『研究社』第 5 版、6 版米音、Bushído 〜 Bùshidó『研究社』第 6 版英音、Búshido *LPD* 米音、Bushído 〜 Bùshidó *LPD* 英音、Búshidó 〜 Búshido『ジーニアス』米音、Bùshidó『ジーニアス』英音

c. tofu: tófu *OED*, tófu *Webster*, tófu『研究社』, tófu *LPD*, tófù『ジーニアス』

　他の辞典を見ても aikido, bushido のアクセントは流動的であるが、語末第1強勢は主要なパターンではない。tòfú は他の辞典にはなく、例外的なアクセントであることが分かる。*ODP* を見ても fúgu「ふぐ」、júku「塾」など語末の <u> にはアクセントが付いていない。
　(10b) の語は後ろから2音節の母音が <a> と <o> であるにもかかわらず、3音節語の語頭に第1強勢が付いている。rómaji のアクセントについては前章でも述べたが、Rome への類推であろう。Shikoku, Subaru は *OED*, *Webster*、『研究社』、『ジーニアス』には載っていないが、*LPD* では Shíkoku、Súbaru のアクセントが付いている。語頭へのアクセントは例外的であり、今後3音節の語頭にアクセントの付く語が増えていくのかは明らかでない。
　ODP にある日本語の語彙数からすると、第1強勢が付与される規則の適用は、語末第2音節への付与が断然多く、次のような順位になる。

(12) 主強勢規則の適用順位
　1. 後ろから2番目の音節に強勢を付与する。
　2. 後ろから2番目の音節が <a> か <o> でないなら、その前の音節に強勢を付加する。
　3. 語末の <VV> と <VN> の音節に強勢を付与する。
　　　(bònsái, gàijín, niséi の3語)
　4. 語の主要な形態素に強勢を付与する。
　　　(àikidó, bùshidó, ùkiyo-é の3語)
　5. 3音節語の語頭に強勢を付与する。
　　　(rómaji, Shíkoku, Súbaru の3語)
　6. 語末に強勢を付与する。(tòfú の1語)

(10a)の語を見ると、一見米音の方が語末に第1強勢を置くように思われるが、必ずしもそうではなく、はっきりした違いとは言えない。両音の違いは、第1強勢よりはむしろ第2強勢の付与にある。前章で述べたように、第2強勢は第1強勢の位置によって決められる。まず最初に、第1強勢の前に第2強勢の付与される語を見てみよう。

(13) 語頭への第2強勢付与
　　a. 第1強勢直前の母音への付与
　　　bònsái（米音）、fùtón[fù:tón]（英音）、gàigín（英音）、
　　　gòbáng[gə̀ʊbáŋ]（英音）「碁盤」、màtsúri[mætsúri]（米音）、
　　　Màtsúshita[mætsúʃidə], tòfú[tòʊfú]
　　b. 第1強勢より2音節前の母音への付与
　　　àikidó（米音）、bùshidó（英音）、Fùjiyáma「富士山」、
　　　hàra-kíri「腹切り」、hìragána「ひらがな」、Hìrohíto「裕仁」、
　　　Hìroshíma, ìkebána「生け花」、Ìshigúro, kàkemóno「掛け物」、
　　　kàmikáze「神風」、kàraóke「カラオケ」、kàtakána「カタカナ」、
　　　Kàwasáki「川崎」、Kùmamóto「熊本」、Kùrosáwa「黒澤」、
　　　Màtsushíta, Màtsuyáma「松山」、Mèiji Ténno「明治天皇」、
　　　Mìtsubíshi, Nàgasáki「長崎」、òrigámi「折り紙」、
　　　shàkuháchi「尺八」、sùkiyáki「すき焼き」、Sùmitómo「住友」、
　　　tèriyáki「てりやき」、Tòkugáwa「徳川」、Yàmamóto「山本」、
　　　Yòkoháma「横浜」、yòkozúna
　　c. 第1強勢より3音節前の母音への付与
　　　ùkiyo-é
　　　cf. ukiyo-é *OED*, ukíyo-è *Webster*, ukìyo-é『研究社』第5版、
　　　　 ùkiyo-é『研究社』第6版、ukíyo-è『ジーニアス』

　(13a)のように直前の音節に第2強勢が付与されるのは、その音節が重音節であるのが普通である。ところが màtsúri と Màtsúshita の <a> に

第4章　*The Oxford Dictionary of Pronunciation for Current English* にある日本語の発音

は、短母音 [æ] に発音されているにもかかわらず強勢が付与されている。日本語の <a> に強勢を付与するのは、はっきりと強く発音するためである。一方、英語の magnétic [mægnédɪk], Manháttan [mænhǽtn] の [æ] には第2強勢が付与されていない。日本語の発音と違って、強勢のある音節の前の母音は Macdónald [məkdánəld], machíne [məʃín]、Manháttan [mənhǽtn]（米音）のように曖昧母音の [ə] に発音されることもあり、非強勢音節と認識されている。

（13b）の語のように2音節前の母音に強勢を付与するのは、強弱強のリズムを作るためである。強勢の付与される母音は、hàra-kíri [hàrə kíri], hìragána [hìrəgánə], Kùrosáwa [kùrəsáwə] のように長母音や二重母音でなくても良い。第1強勢の2音節前には必然的に第2強勢が付与されるのが英語である。ところが原語の発音の影響を受け、第2強勢を付与しない語がある。「すき焼き」は原語では [sukijaki] と発音され、/su/ の /u/ は無声音になる。通常無声母音にアクセントは付かないので、*ODP* では [sʊkijáki] と表記されている。これは英音であるが、この場合英語話者は [ʊ] を発音していないと思われる。もしそうであれば、[skijáki] と表記するのが正しい。英語話者は通常 [sʊkijáki] とは発音しないし、発音がむずかしい。辞典の記載どおり [ʊ] を発音しているのであれば、英語にはリズムがあるので [sʊ̀kijáki] と強弱強リズムで発音するはずである。

無声母音にアクセントの付かない例として、良く「三越」が引用される。[mitsu̥koʃi] は母音が無声化するために、第2音節は低く発音されるが、[mitsubiʃi]「三菱」は [u] が有声音であるので高く発音されるというものである。これは「すき焼き」の発音と共通している。

（13c）の ùkiyo-é のアクセントについては前章で述べたが、ukiyo-é の弱強弱強パターンよりも強弱強パターンを取ったものである。英語にも àristocrátic（米、英音）〜 arìstocrátic（英音）、Tìconderóga（米、英音）〜 Ticònderóga（英音）の二つの強勢パターンがあるのと同じである。

第2強勢の付与される語を見てきたが、第1強勢の前に第1強勢の付

与される語がある。

(14) 語頭への第1強勢付与
　　　Íshigúro（米音）、Kágoshíma（米、英音）、Meíji Ténno[meɪídʒi ténòʊ]（米音）、shákuháchi（米音）

(14) の4音節語は、強弱強パターンであるが、語頭の母音に第1強勢が付いている。英語の dísafféctedd（米音）や nóninvólvement（米音）のように接頭辞に第1強勢の付いた語と同じパターンである。第1強勢二つで強弱強リズムを作るのは米音の特徴であり、英音では通常第2強勢と第1強勢の強弱強パターンとなる。(14) の例で Kágoshíma だけが英音のアクセントにもなっている。米音への類推であろう。(14) の語は英音では Ìshigúro, Mèiji Ténno, shàkuháchi のアクセントとなる。

　第2強勢が第1強勢の後ろに付加される語を見てみよう。*ODP* では米音にのみ見られるパターンであり、英音では第1強勢母音の後の母音が強勢を取ることはない。例えば、mandatory [mǽndətɔ̀ri]（米音）、[mǽndətə(r)i]（英音）と library [láɪbrèri]（米音）、[láɪb(rə)ri]（英音）を見ても、英音には第2強勢が付いていない。これは日本語に対しても同じであり、次の語のように第1強勢の後ろに第2強勢が付与されるのは米音である。

(15) 語末への第2強勢付与（米音）
　　a. 第1強勢直後の母音への付与
　　　bánzài「万歳」、bónsài, dójò「道場」、fútòn, gétà「下駄」、háikù「俳句」、Hokkáidò「北海道」、Hónshù「本州」、Íshigúrò, Ítò「伊藤」、kánbàn「看板」、kóàn「公案」、kyótò「京都」、Mèiji Ténnò, ninjútsù「忍術」, Níppòn「日本」、Níssàn「日産」、rámèn「ラーメン」、Sákài「境」、Séndài, shiátsù「指圧」、Shikókù, Tókyò「東京」、Yáyòi「弥生」

第4章　*The Oxford Dictionary of Pronunciation for Current English* にある日本語の発音

b. 第1強勢より2音節後ろの母音への付与
búshidò, hábutài, háppi-còat「はっぴ」, júdokà、sámisèn、
sámurài、séppukù, Súbarù「スバル」、tórìi「鳥居」、Yámahà「ヤマハ」

（15a）の語で、なぜ第2強勢が語末に付くのか判断できない語がある。前章から再三述べているが、二重母音 <ai>, <oi> や閉音節 <on>, an> のように二つのモーラから成り立っている音節には強勢が付与され易い。実際 ODP では ryókan「旅館」以外は、すべての重音節に強勢が付いている。問題は、（15a）の語には語末の <o>, <u>, <a> に第2強勢が付くが、básho「場所」、fúgu, kána「かな」の語末になぜ付かないかである。一般性のある規則を見つけるのはむずかしい。

　　（15b）の第2強勢は強弱強リズムを保つためである。ODP では第1強勢の2音節前には強勢が必然的に付与されるが、2音節後ろの音節は必ずしも強勢を取らない。次の語がそうである。

(16) a. Hiróshima, Màtsúshita, sátsuma, témpura「てんぷら」
　　　b. rómaji

　（16a）の語の第1強勢の次には＜無声子音＋高母音＞の音節が来ているが、音節自体が短く聞こえるため語末の音節が第1強勢に近く感じられるのであろう。しかし、（15b）の búshidò, séppukù には＜無声子音＋高母音＞の次の音節に強勢があるので、決めつけることはできない。（16b）の rómaji は語末が <i> なので強勢の付かないのが普通である。（15b）の tórìi の語末に強勢が付くのは、その前の <i> と区別するためであろう。英音の [tɔ́:riːi] の発音であれば、強勢の付与がなくても [ɪ] と [iː] に区別されるが、米音では [tɔ́rìi] であり同じ音声の [i] が二つ並んでいる。語末に強勢を付与してリズムを作っているのである。

4.4　発音

4.4.1　嵌入の r

『研究社』にはないが、*ODP* の英音では随意的に語末に [r] を挿入する語がある。この [r] は本来あるはずのないものであり、余剰的に添加されたものである。*ODP* ではこれを嵌入の r (intrusive r) と呼んでいるが、剰音の r (excrescent r) とも呼ばれている。嵌入の r について *ODP* は次のように述べている。

(17) Intrusive <r> is a 'linking' <r> which is unhistorical and which is therefore not supported by orthography. For example, *law* in the phrase *law and order* is in BR frequently [lɔːr] (i.e.[lɔːr an(d) ɔːdə]). Long condemned by teachers of pronunciations, this is nevertheless a firmly established feature of today's mainstream RP: it is indicated in transcriptions by means of a convention similar to that for linking <r>, that is by parentheses, so that *law* is transcribed [lɔː(*r*)], but with [r] italicized.　　　　(*ODP*: xⅱ)

(17) に述べられているように、嵌入の r は次の母音で始まる語に結びつく連結の役割をなしているが、語源的に裏付けされていないので、綴り字には表れていない。RP では r 挿入が主流であり、*law and order* は [lɔːr an(d) ɔːdə] と発音される。*order* の語末の <r> は次に母音で始まる語が来ていないので発音されない。*ODP* では *law* の嵌入の r をイタリックで [lɔː(*r*)] と表わし、*order* の語末の <r> は元来綴り字にあるので [ɔːdə(r)] と普通の活字で表わして、二つを区別している。

　語末で [r] が発音されるかどうかは、次のように語末音節の母音による。次の語は *ODP* の英音である。

(18) 語末の [r] と高母音
　　a. [ə]: dilemma [dɪlémə(r)], extra [ékstrə(r)], idea [ʌɪdíə(r)],
　　　　India [índɪə(r)], Korea [kəríə(r)]
　　　[ɔː]: draw [drɔː(r)], saw [sɔː(r)]
　　　[ɑː]: schwa [ʃwɑː(r)], spa [spɑː(r)]
　　b. [əː]: confer [kənfə́ː(r)], transfer [tránsfəː(r)]
　　　[ɛː]: air [ɛː(r)]（米音は [ɛ(ə)r]), bare [bɛː(r)]（米音は [bɛ(ə)r]）
　　c. [iː]: agree [əgríː], pea [píː]
　　　[i]: ability [abílɪti], ginea [gíni]
　　　[ɪ]: reply [rɪplʌ́ɪ], Monday [mʌ́ndeɪ]
　　　[uː]: bamboo [bàmbúː], shampoo [ʃampúː]

(18a,b) のように、語末の r は非高母音の後ろに来ている。従って、英音では尾子音の [r] は中母音と低母音の後ろにのみ生ずることになる。(18a) の [r] は嵌入の r であり、(18b) の [r] は歴史的に存在する r である。嵌入の r は語末母音 [ə], [ɔː], [ɑː] に添加されているが、(18b) の [əː] と [ɛː] も中母音なので [r] の挿入があってもおかしくない。しかし、[əː] と [ɛː] の発音は綴り字 <r> の前にしか生じないので、嵌入の r が適用されたとは考えない。RP 話者は、[spɑːr] and health の発音からは、[spɑːr] が spa「温泉」なのか spar「スパーリング」なのか分らないのである。

　(18c) は語末母音が高母音であるため r が挿入されない例であるが、英語では高母音が核音である音節では r が尾子音になることはない。綴り字では souvenir や sure は高母音であるが、発音は [sùːvənɪə(r)], [ʃʊə(r)/ ʃɔː(r)] であり [r] の直前は高母音ではない。シュワー [ə] が挿入されている。このことは、RP 話者が尾子音の r を認識するのは、スペリングよりも発音によってであると言えよう。

　r の挿入は日本語借用語にも同様に見られる。

(19) 嵌入の r
　　a. [ə]: Akita [ɑːkíːtə(r)], geisha [géɪʃə(r)] 「芸者」, hiragana
　　　　 [hɪrəgɑ́ːnə(r)], ikebana [ìkɪbɑ́ːnə(r)], ninja [níndʒə(r)] 「忍者」
　　b. [ɑː]: Yamaha [jáməhɑː(r)]

　高母音以外に語末に来る母音は、日本語では [ə] と [ɑː] だけであり、その書記素は <a> である。日本語への r 挿入は語末が <a> の場合であるが、RP 話者はスペリングよりも発音に対して r を挿入していると考える。日本語に英語の発音規則を適用した例である。

4.4.2　米音と英音の強勢母音

　日本語の書記素に対する発音を米音と英音を比較しながら見ていこう。まずアクセントのある母音を見てみる。

(20) <i> の強勢母音
　　a. [i] 米音、[iː] 英音
　　　　ai·kí·do [aɪkídoʊ]（米音）、[ʌɪ·kíː·dəʊ]（英音）、Aríta, Íto,
　　　　Kàgoshíma, Nísei, Tsushíma
　　b. [ɪ] 米音、英音共
　　　　Fu·jít·su [fu·dʒít·su]（米音）、[fuː·dʒít·suː]（英音）、
　　　　gai·jín, Ísh·i·gú·ro [íʃ·i·gú·roʊ]（米音）、[ìʃ·ɪ·gúə·rəʊ]（英音）、
　　　　Ju·jít·su, nín·ja, Níp·pon, Nís·san, pa·chín·ko 「パチンコ」,
　　　　Shín·to 「神道」
　　c. [i] 米音、[ɪ] 英音
　　　　Mìtsubíshi [mìt·su·bí·ʃi]（米音）、[mìt·sʊ·bíʃ·i]（英音）
　　d. [ɪ] 米音、[iː] 英音
　　　　Hìrohíto [hìr·oʊ·híd·oʊ]（米音）、[hìr·ə·híː·təʊ]（英音）

第4章　The Oxford Dictionary of Pronunciation for Current English にある日本語の発音

アクセントのある <i> は開音節にあれば (20a) の語のように緊張母音 [i(:)] に発音され、閉音節であれば (20b) の語のように弛緩母音 [ɪ] に発音される。(20c) の米音、英音の発音の違いから、<sh> は特に英音では尾子音になる性質があるのが分る。英音では Íshigúro も Mìtsubíshi も <ish> は [iʃ] と発音されるが、米音には [ɪʃ] と [iʃ] の二つの発音が見られ、一貫性がない。(20d) の発音の違いも音節構造の違いによるものである。<t> を [d] と有声音に発音する米音は、[d] を尾子音化したと考えられる。これは <t> の発音によって thirteen [θɚ·tín] と thirty [θɚ́rd·i] に音節区分することと同じである。この音節区分は LPD のものであるが、強勢のある音節にその直後の頭子音を移動して重音節にするやり方は、前章で述べた Selkirk (1982) の再音節化である。

(21) <a> の強勢母音
　　a. [ɑ] 米音、[ɑ:] 英音
　　　hi·bá·chi [hə·bá·tʃi]（米音）、[hɪ·bá:·tʃi]（英音）「火鉢」、hìragána, kà·ke·mó·no, ráku, rámen, Sákai, sáke「酒」、Shá·ka「釈迦」, shàkuháchi, shiátsu, tèriyáki, Tòkugáwa
　　b. [æ] 米音、[a] 英音
　　　háp·pi [hǽp·i]（米音）、[háp·i]（英音）、kàk·e·mó·no [kǽk·ə·móʊ·noʊ]（米音のみ）、Màt·su·shí·ta, sám·i·sen, sám·u·rai, Sán·yo「三洋」、shi·át·su [ʃɪ·át·su:]（英音のみ）
　　c. [ɑ] 米音、[a] 英音
　　　Daihátsu [daɪ·hát·su]（米音）、[dʌɪ·hát·su:]（英音）「ダイハツ」、nuncháku [nən·tʃák·u]（米音）、[nʌn·tʃák·u:]（英音）「ヌンチャク」、shiátsu [ʃi·át·sù]（米音）、[ʃɪ·á:·tsu:]（英音）

(21a) の強勢音節は開音節であり、(21b) の強勢音節は閉音節である。(21b) の kakemono の [kæk] が閉音節になるのは、無声破裂音 [k] を尾子音に移動したためである。(21c) の shiatsu の音節区分は、英音の

153

CVV 強勢音節が米音では CVC になることを示している。

(22) <u> の強勢母音
 a. [u] 米音、[u:] 英音
  a·zú·ki [ə·zú·ki]（米音）、[ə·zú:·ki]（英音）、fúgu「ふぐ」、Fúji「富士」、fúton, kabúki, màtsúri [mætsúri]（米音）、[matsú:ri]（英音）、ryú「流」
 b. [ʊ] 米音、英音共
  júk·u [dʒók·u]（米音）、[dʒók·u:]（英音）「塾」、Kùr·o·sá·wa
 c. [ə] 米音、[ʌ] 英音
  nin·jút·su [nɪn·dʒət·sù]（米音）、[nɪn·dʒʌt·su:]（英音）
 d. [ʊ] 米音、[u:] 英音
  sùkiyáki [sòk·i·já·ki]（米音）、[sù:·kɪ·já:·ki]（英音）
 e. [u] 米音、[ʊ] 英音
  bú·shi·dò [bú·ʃi·dòʊ]（米音）、bùsh·i·dó[bòʃ·ɪ·dɔ́ʊ]（英音）

(22a) の緊張母音は開音節の発音であり、(22b) の弛緩母音は閉音節の発音である。(22b) の Kurosawa の <u> が [ʊ] に発音されるのは、英語では cure [kjʊ(ə)r] と <u> の前の母音は常に弛緩母音に発音されるからである。(22a) の matsuri は英語ならば [mætsú(ə)ri] と発音されるであろう。(22a) の発音は日本語に近くなるようにていねいに発音したものである。(22c) の ninjutsu は、中中舌母音の米音と英音の違いを反映している。(22d,e) は、これまでも述べたように [k] や [ʃ] は尾子音になり易いことを表わしている。

(23) <o> の強勢母音
 a. [oʊ] 米音、[əʊ] 英音
  dó·jo [dóʊ·dʒòʊ]（米音）、[dɔ́ʊ·dʒəʊ]（英音）、kàkemóno,

kàraóke, kimóno, Kóbe「神戸」, kóto「琴」, Kyóto, rónin「浪人」, shógun「将軍」
b. [ɑ] 米音、[ɒ] 英音
bón·sai [bán·sàɪ]（米音）、[bón·sʌɪ]（英音）、hón·cho「班長」, Hón·da「ホンダ」, Hón·shu (cf. fú·ton)
c. [ɔ] 米音、英音共
Na·góy·a [nə·góɪ·ə]（米音）、[nə·góɪ·ə(r)]（英音）「名古屋」

<o> は米音では [oʊ] に、英音では [əʊ] になるのが圧倒的に多い。(23b) の [ɑ] と [ɒ] の発音は、尾子音 <n> の前である。この発音は cf. (confer) の fúton [f(j)útàn]（米音）、[f(j)úːtɒn]（英音）のようにアクセントには関係がない。(23c) の <y> の前の [ɔ] は、1 音節内の <oy> を [ɔɪ] と発音しているのであり、前章で述べた再音節化が適用されている。

Nagoya の発音は次のように派生される。

(24) Nagoya の再音節化

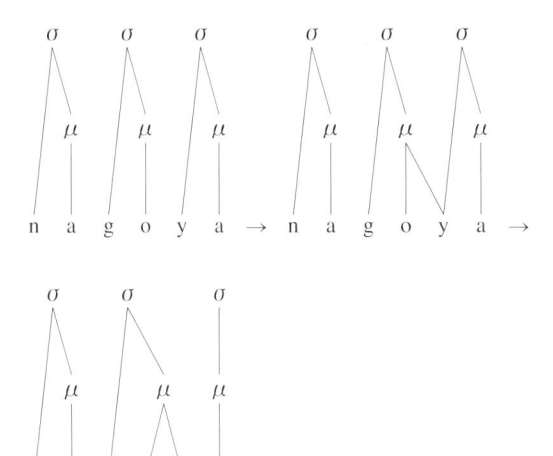

書記素そのものが二重母音に発音されるのは <ai>, <ei>, <oi> の三つ
であり、アクセントに関係なくそれぞれ [aɪ/ʌɪ], [eɪ], [ɔɪ] と発音される。

(25) 二重母音
 a. [aɪ] 米音、[ʌɪ] 英音
  aikído [aɪkídoʊ]（米音）、[ʌɪkíːdəʊ]（英音）、Áinu「アイヌ族」,
  bónsai, gaijín, háiku, Hokkáido, sámurai
 b. [eɪ] 米音、英音共
  géisha [géɪʃə]（米音）、[géɪʃə(r)]（英音）、Méiji Ténno, nísei
 c. [ɔɪ] 米音、英音共
  kói [kɔɪ]、「鯉」、Yáyoi

(25a) の [aɪ] と [ʌɪ] の違いは、例えば英語の nice が [naɪs]（米音）
と [nʌɪs]（英音）に発音されるのと同じである。

4.4.3　米音と英音の非強勢母音

第3章では強勢のない音節にも長母音や二重母音がある例を多く見
てきた。これは借用語の母音をはっきりと発音するためであり、英語に
は通常見られない発音である。ODP ではどのような語に強勢のない長
母音と二重母音が現れるのか見てみよう。（5）と（6）の母音表や（7）
の発音例で見てきたように、長母音は英音にしか聞かれない。

(26)　語頭の非強勢長母音と二重母音
  a. <a> : Akíta [ɑːkíːtə(r)]（英音）（米音は [ɑ]）
    yakúza [jɑːkúːzə(r)]（英音）（米音は [ɑ]）「やくざ」
    zazén [zɑːzén]（英音）（米音は [ɑ]）「座禅」
  b. <u> : Fujítsu [fuːdʒítsuː]（英音）（米音は [fu]）
  c. <o> : Nogúchi [noʊɡútʃi]（米音）（英音は [nɒ]）
    Ozáwa [oʊzáwə]（米音）（英音は [ɒ]）「小沢」

第4章　*The Oxford Dictionary of Pronunciation for Current English* にある日本語の発音

    Osáka [o͟ʊsákə]（米音）、[ə͟ʊsáːkə(r)]（英音）「大阪」
  d. <ai>：aikído [a͟ɪkídoʊ]（米音）、[ʌ͟ɪkíːdəʊ]（英音）
    Daihátsu [da͟ɪhátsu]（米音）、[dʌ͟ɪhátsuː]（英音）
    gaijín [ga͟ɪdʒín]（米音）、[gʌ͟ɪdʒín] ~ [gʌ̀ɪdʒín]（英音）
    zaibátsu [za͟ɪbátsu]（米音）、[zʌ͟ɪbátsuː]（英音）「財閥」
  e. <ei>：Mèiji Ténno [me͟ɪdʒi ténòʊ]（米音）（英音は [mèɪdʒɪ ténəʊ]）

　原語（日本語）のスペリングが長母音・二重母音である場合には、借用語の発音も二重母音に発音される。Noguchi と Ozawa の <o> は原語では「オ」と発音されることから、英音では短母音の [ɒ] に発音されるが、Osaka の <o> は原語では「オオ」と発音されることから、英音でも [əʊ] と二重母音に発音されている。次に語中の非強勢母音を見てみよう。

(27) 語中の非強勢長母音と二重母音
  a. <u>：shàkuháchi [ʃàku͟ːháːtʃi] ~ [ʃàkʊhátʃi]（英音）（米音は [ku]）
  b. <o>：Hìrohíto [hìro͟ʊhídoʊ]（米音）（英音は [rə]）
    júdoka [dʒúdo͟ʊkù]（米音）、[dʒú:də͟ʊkə(r)]（英音）
    ùkiyo-é [ùkijo͟ʊjéɪ]（米音）、[ùːkɪjə͟ʊjéɪ]（英音）

　ukiyo-e の <o> が英音でも [əʊ] と二重母音なのは、ukiyo を1語と見なしているからであろう。[úːkɪjəʊ] という発音があっても、語末をあいまい母音に発音する [úːkɪjə] は借用語には存在しない。
　最後に、語末の非強勢母音を見てみよう。

(28) 語末の非強勢長母音と二重母音
  a. <u>：Daihátsu [dʌɪhátsu͟ː]（英音）（米音は [su]），
    Fujítsu [fuːdʒítsu͟ː]（英音）（米音は [su]），
    Kyúshu [kɪúːʃu͟ː]（英音）（米音は [ʃu]）「九州」

157

　　　　　nucháku [nʌntʃáku:]（英音）（米音は [ku]）
　　　　　Súbaru [sú:bəru:]（英音）（米音は [rù]）
　　b. <o>: aikído [aɪkídoʊ]（米音）、[ʌɪkí:dəʊ]（英音）
　　　　　kéndo [kέndoʊ]（米音）、[kέndəʊ]（英音）「剣道」
　　　　　súmo [súmoʊ]（米音）、[sú:məʊ]（英音）「相撲」
　　　　　dójo [dɔ́ʊdʒəʊ]（英音）（米音は [dʒòʊ]）
　　　　　Tókyo [tɔ́ʊkɪəʊ]（英音）（米音は [òʊ]）
　　c. <e>: Kóbe [kɔ́ʊbeɪ] ~ [kɔ́ʊbi]（英音）（米音は [bi]）
　　　　　sáke [sákeɪ] ~ [sɑ́:ki]（英音）（米音は [ki]）
　　d. <ai>: bónsai [bɔ́nsʌɪ]（英音）（米音は [sàɪ]）
　　　　　hábutai [hɑ́:bʊtʌɪ]（英音）（米音は [tàɪ]）
　　　　　sámurai [sám(j)ʊrʌɪ]（英音）（米音は [ràɪ]）
　　e. <ei>: nísei [ní:seɪ]（英音）（米音は [niséɪ]）

(28a) の語末の <u> は英音が長母音に、米音が短母音である。同じ高母音でも、<i> については、『研究社』第6版同様、米音・英音とも緊張短母音の [i] である。語末の開音節の <o> はアクセントに関係なく、米音は [oʊ]、英音は [əʊ] であるが、ODP に唯一の例外として [báʃɔ]（米音）「場所」がある。(28d) の語は、米語では語末の二重母音に第2強勢が付くが、英音では第1強勢の後ろには第2強勢が付かないことを表わしている。(28e) は米音と英音でアクセントの違うものである。

　原語に近い発音を記述するのが辞書の基本的考えであり、そのため緊張母音や二重母音で記述し、借用語の母音をはっきりと発音させている。語末の開音節では特に顕著に見られるのであるが、これは英語の発音でもある。英語は基本的に、アクセントに関係なく語末の母音は緊張母音か長母音か二重母音であり、それ以外はあいまい母音の [ə] だけが可能である。次の英語の発音記号は ODP からのものである。

(29) 英語の語末の非強勢母音

第 4 章 *The Oxford Dictionary of Pronunciation for Current English* にある日本語の発音

  a. 緊張母音
    [i/i:] : commíttee [kəmídi]（米音）、[kəmíti:]（英音）
    [i] : cándy [kǽndi]（米音）、[kándi]（英音）
    [u/u:] : árgue [úrgju]（米音）、[ɑ́:gju:]（英音）
    [eɪ] : bírthday [bə́:θdeɪ]（英音）（米音は [bə́rθdèɪ]）
    [oʊ] : fóllow [fúloʊ]（米音）、[fɔ́ləʊ]（英音）
  b. 長母音
    [ɔ:] : séesaw [síːsɔː(r)]（英音）（米音は [sísɔ̀]）
    [ɑ:] : cáviare [kávɪɑː(r)]（英音）（米音は [kǽvɪɑ̀r]）
  c. 二重母音
    [aɪ/ʌɪ] : álibi [áləbʌɪ]（英音）（米音は [ǽləbàɪ]）
    [aʊ] : éyebrow [ʌ́ɪbraʊ]（英音）（米音は [áɪbràʊ]）
    [ɔɪ] : cówboy [káʊbɔɪ]（英音）（米音は [káʊbɔ̀ɪ]）
  d. あいまい母音
    [ə] : sófa [sóʊfə]（米音）、[sə́ʊfə(r)]（英音）

ODP の日本語の発音は、英語らしい発音と日本語らしい発音が混在しているのであるが、原則としては英語の発音規則に順じている。特にそれが見られるのが語末の開音節の母音であり、日本語の強勢のない <a> は例外なく [ə] に発音され、強勢のある <a> は例外なく [ɑ] に発音されている。

(30) 語末の <a> の発音
  a. 強勢母音 [ɑ]
    gétà [gɛ́tɑ̀]（米音）（英音は [gɛ́ɪtə(r)]）
    júdokà [dʒúdoʊkɑ̀]（米音）（英音は [dʒú:dəʊkə(r)]
  b. 非強勢母音 [ə]
    kána [kánə]（米音）、[kɑ́:nə(r)]（英音）「かな」
    tánka [táŋkə]（米音）、[táŋkə(r)]（英音）「短歌」

yóga [jóʊgə]（米音）、[jɔ́ʊgə(r)]（英音）「ヨガ」

語末の <a> の発音に関して『研究社』と *ODP* の違いは、『研究社』では強勢が付く語が多い。

4.4.4 <Vr> の発音

強勢高母音の <i> と <u> の次に <r> のある <Vr> の発音は、一般的に米音では [Vr] と短母音であり、英音では [Vər] と二重母音になる。これは英語の発音であるが、日本語にも同様の発音がなされる語がある。英語と日本語の発音が同じ語と異なる語を見てみよう。

(31) <ir> の発音
    a. 英語：[ɪr]（米音）、[ɪər]（英音）
       déary [dírɪ]（米音）、[díərɪ]（英音）、
       jéeringly [dʒírɪŋli]（米音）、[dʒíərɪŋli]（英音）
    b. 日本語：[ɪr]（米音）、[ɪər]（英音）
       híra-gána [hìrəgúnə]（米音）、[hìərəgúːnə(r)]（英音）、
       Kírin [kírɪn]（米音）、[kíərɪn]（英音）
    c. 日本語：[ɪr]（米音、英音共）
       hàra-kíri [hèrəkíri]（米音）、[hàrəkíri]（英音）、hìra-gána, Hìrohíto, Hìroshíma

(31c) の語が英語であれば、英音では [ɪər] と発音されるはずである。日本語に近づけた /CV/ 音節の発音となっている。

(32) <ur> の発音
    a. 英語：[ʊr] 米音、[ʊər] 英音
       cúrable [kjʊ́rəbəl]（米音）、[kjʊ́ərəbl]（英音）、
       cúrious [kjʊ́riəs]（米音）、[kjʊ́əriəs]（英音）

b. 日本語：[ʊr] 米音、[ʊər] 英音

　　　　tempúra [tɛmpʊ́rə]（米音）、[tɛmpʊ́ərə(r)]（英音）

　　c. [ʊr] 米音、英音共

　　　　Kùr·o·sá·wa [kʊ̀rəsʊ́wə]（米音）、[kʊ̀rəsɑ́ːwə(r)]（英音）

　　d. [ur] 米音、[ʊər] 英音

　　　　Ì·shi·gú·ro [ìʃigúroʊ]（米音）、[ìʃɪgʊ́ərəʊ]（英音）

　　e. [ur] 米音、[uːr] 英音

　　　　mat·sú·ri [mætsúri]（米音）、[matsúːri]（英音）

　　f. [ər] 米音、[ʊr/ər] 英音

　　　　sám·u·rài [sǽmərài]（米音）、[sám(j)ʊrʌɪ]（英音）、

　　　　tém·pu·ra [tɛ́mpərə]（米音）、[tɛ́mp(ə)rə(r)]（英音）

(32f) だけが <ur> の <u> にアクセントがない語である。<ur> の <u>
が弛緩母音 [ʊ] に発音される (32c) の語では [r] は尾子音とみなさ
れ、緊張母音 [u/uː] や二重母音 [ʊə] と発音される (32d,e) の語では
[r] はうしろの音節の頭子音とみなされる。日本語についてはそれで
良いのであるが、英語の場合は、米音が弛緩母音であり、英音が二重
母音であるので、[r] が尾子音か頭子音か決めるのは簡単ではない。実
際、(32a) の curable と curious にしても、次の (33) のように音節の
区切りは辞書によって異なっている。*LDCE* は *Longman Dictionary of
Contemporary English* (1990) である。

(33) a. cúr·a·ble:『研究社』、*Webster, LPD*,『ジーニアス』

　　b. cú·ra·ble: *LDCE*

　　c. cúr·i·ous: *LPD*

　　d. cú·ri·ous:『研究社』、*Webster, LDCE*,『ジーニアス』

LDCE は curable と curious の cu- が [kjʊə] と二重母音に発音されるた
め CV- で音節区分し、*LPD* は 米音では cur- が [kjʊr] であり、<u> は

基底形が短母音とみなされるので cur- で区分している。一方『研究社』、 Webster,『ジーニアス』は curable を cur-, curious を cu- で音節区分している。これは curable の -able を接尾辞とみなしているからである。このように <cur> の発音が同じにもかかわらず、辞典によっては音節区分に違いがある。

　非高母音の次に <r> が来る発音を見てみよう。

(34) <or> の発音
　　　a. 英語：[ɔ(ə)r]（米音）、[ɔ:r]（英音）
　　　　 tóre [tɔ́(ə)r]（米音）、[tɔ́:(r)]（英音）、
　　　　 tórment [tɔ́rmènt]（米音）、[tɔ́:mɛnt]（英音）
　　　b. 日本語：[ɔr]（米音）、[ɔ:r]（英音）
　　　　 satóri [sətɔ́ri]（米音）、[sətɔ́:ri]（英音）「悟り」、
　　　　 tórii [tɔ́riì]（米音）、[tɔ́:rɪi:]（英音）、
　　　　 zóri [zɔ́ri]（米音）、[zɔ́:ri]（英音）「草履」
　　　c. 英語：[ɔr]（米音）、[ɒr]（英音）
　　　　 órigin [ɔ́rədʒən]（米音）、[ɒ́rɪdʒ(ɪ)n]（英音）、
　　　　 sonórity [sənɔ́rədi]（米音）、[sənɒ́rɪti]（英音）
　　　d. 日本語：[ɔr]（米音）、[ɒr]（英音）
　　　　 òrigámi [ɔ̀rəgámi]（米音）、[ɒ̀rɪgá:mi]（英音）、
　　　　 zóri [zɔ́ri]（米音）、[zɒ́ri]（英音）

(34) の例は米音、英音間での <or> の発音の違いを表わしている。英語の発音がそのまま日本語に適用されている。(34a) の tóre [tɔ́(ə)r]（米音）のシュワー挿入は <r> が語末の場合である。

(35) <ar> の発音
　　　a. 英語：[ɑr] 米音、[ɑ:r] 英音
　　　　 fàrawáy [fɑ̀rəwéɪ]（米音）、[fɑ̀:rəwéɪ]（英音）、

第4章 *The Oxford Dictionary of Pronunciation for Current English* にある日本語の発音

cárpet [kʌ́rpət]（米音）、[kɑ́ːrpɪt]（英音）
b. 日本語：[ɑr] 米音、[ɑːr] 英音
Nára [nʌ́rə]（米音）、[nʌ́ːrə(r)]（英音）「奈良」
c. 英語：[ɛr] 米音、[ar] 英音
carry [kɛ́ri]（米音）、[kári]（英音）、
marry [mɛ́ri]（米音）、[mári]（英音）
d. 日本語：[ɛr] 米音、[ar] 英音
hàra-kíri [hɛ̀rəkíri]（米音）、[hàrəkíri]（英音）
e. 英語：[ər] 米音、英音共
aróund [əráʊnd], arrést [ərɛ́st]
f. 日本語：[ər] 米音、英音共
Aríta [ərídə]（米音）、[əríːtə(r)]（英音）、
karáte [kərʌ́di]（米音）、[kərɑ́ːti]（英音）「空手」、
Súbaru [súbərù]（米音）、[súːbəruː]（英音）

(35d) の hàra-kíri には他に米音として [hɛ̀rəkɛ́ri] もあるが、[kɛr] は [hɛr] への母音調和であろう。(35) の <ar> も日本語のスペリングが英語のスペリングに対応し、英語と日本語の発音が同じになっている。

ODP によると、米音では marry, merry, Mary が共に [mɛri] と発音されるが、英音では marry は [mari], merry は [mɛri], Mary は [mɛːri] とそれぞれ発音が異なっている。Mary は仮名で「メアリー」と書くように、『研究社』の発音では /mɛ́ʼri/（米音）、/mɛ́əri/（英音）となっている。

(36) <er> の発音
a. 英語：[ɛr] 米音、英音共
férry [fɛ́ri]
b. 日本語：[ɛr] 米音、英音共
tèriyáki [tɛ̀rijáki]（米音）、[tɛ̀rɪjɑ́ːki]（英音）

163

ここで <Vr> の発音を取り上げたのは、/r/ の前での母音は、その発音が多様化しているからである。hurry [həri]（米音）、[hʌri]（英音）や worry[wəri]（米音）、[wʌri]（英音）のように、強勢母音が中中舌母音になることは日本語の発音にはない。日本語の母音は、基本的に五つであると認識されているためである。

4.5　おわりに

　辞典の発音記号をどの程度信じればよいのか、どの辞典の発音記号が正しいのか、という疑問は、辞典に多く接すればするほど増す。辞典に書かれているものは絶対的なものであり、事象を的確に伝えているという考えは誰しも持っている。だから、二つの辞典が異なる記述、説明をしているのに出会った場合、我々は一方を捨て、他方を取るという気にはなれない。二つを比べて見て、両者の違いについて考えてみるであろう。

　第3章と第4章では、『研究社』と *ODP* を使用した。両辞典の違いは我々の想像以上のものであった。別の辞典を使うと、また別の顔が現れるであろう。辞典はそれなりに整った顔をしていて、独自の特徴を出そうとしている。辞典の色々な顔に魅せられて発音記号の研究を続けていくと、何章になるのだろうか。

　「はしがき」にも書いてあるが、本書の目的は日英両言語の特徴が、どのように借用語に反映しているのか、そして借用語には言語の普遍性がどのような形で見られるのかにあった。本書を終えるに当たり、借用語の特徴と普遍性についてまとめて見よう。

　まず、英語から日本語へ取り入れられた借用語を述べよう。外来語の促音には二つの作業が必要である。一つは子音挿入であり、もう一つは母音挿入である。子音挿入は英語の /CVC/ 音節を保持するためであるが、同じ /CVC/ 音節でも might /maɪt/ には子音を付加しないが、mat

/mæt/ は matto「マット」と重子音になる。重子音の前が短母音でなければならないのは、日本語のみならず言語に一般的に見られる現象である。更に、子音の連結をさける母音挿入についても、最も中立的な「ウ」の挿入が多いのであるが、その現象はレナケル語にも見られる。英語でも rhythm [rɪðəm], cashes [kæʃəz] のシュワー挿入も、それが最も舌の移動や唇の開きの少ない中立的な母音だからである。このように子音重複を避けるために最も自然な母音を挿入するのも言語に一般的な現象である。

日本語のアクセントは、その語に固有のものであり、その位置は予測できない。一方外来語のアクセントは予測できるものが多い。外来語の音節体系は日本語に順じたものであるが、アクセント付与については英語のように重音節か軽音節かが大いに関与している。重音節にアクセントが付与されるというのは、重い音のかたまりが感じ取れるからである。

第2章では日本語のアクセントと無声音化について多く論じた。これは複雑な日本語の発音規則に対し、いかに外来語のアクセントが単純であるかを述べるためである。外来語は日本語の一部であるが、別の言語の様相を備えているのである。

第3章と第4章では、英語に入った日本語の特徴について述べた。日本語の中の外来語の音体系が日本語に順じているのであるから、英語の中の日本語が英語の音体系に順じているのは理に適っている。*OED* からの例を挙げると、[təʊkənɔʊmə]「床の間」、[jəʊkəzúːnə]「横綱」のように、強勢のない母音をシュワーの [ə] に発音している。この場合日本語の母音がはっきりしない。一方では、借用語に日本語の特徴も見られる。日本語は基本的には /CV/ の開音節であるので、アクセントに関係なく強勢母音のように発音する語がある。これも *OED* からの例であるが、[búːʃiːdəʊ]「武士道」、[hɑ́ːbuːtaɪ]「羽二重」、[kɑːkíːeɪmɔːn]「柿右衛門」は母音をはっきりと発音している。借用語の発音に一貫性が欠けているケースは良く見られるが、それだけスペリングから発音を引き出すには多様性があるのである。借用語として捉えるのか、英語として

165

捉えるのかによって発音の異なるものもある。*OED* で「漆」は [urúːʃi] と発音されるが、「ウルシオール」は [ərúːʃɪɒl] である。

　英語に入った日本語のアクセント規則は、重音節にアクセントを付与するという英語の規則に順じているように思えるが、そうではなく、本書では外来語のアクセント付与には普遍的な原則があるとする。その例として弘前方言を挙げているが、驚くぐらい日本語借用語のアクセント規則に似ている。母国語話者は借用語を母語の発音規則を適用していると感じているだろう。しかし実際には、そこには借用語に独自の普遍性が潜んでいるのである。人間言語とはそのようなものである。

The Oxford Dictionary of Pronunciation for Current English に載っている日本語の発音記号一覧表

	米音	英音	日本語
aikido	[aɪkídoʊ] [àɪkidóʊ]	[ʌɪkíːdəʊ]	合気道
Ainu	[áɪnù]	[ʌ́ɪnuː]	アイヌ族
Akita	[akídə]	[ɑːkíːtə(r)]	秋田犬
Arita	[ərídə]	[əríːtə(r)]	有田焼
azuki	[əzúki]	[əzúːki]	あずき
banzai	[bánzàɪ]	[bánzʌɪ]	万歳
basho	[báʃɔ] [báʃoʊ]	[báʃəʊ]	場所（相撲）
bonsai	[bánsàɪ] [bùnsáɪ]	[bónsʌɪ]	盆栽
bushido	[búʃidòʊ]	[bʊʃíːdəʊ] [bùʃɪdə́ʊ]	武士道
Daihatsu	[daɪhátsu]	[dʌɪhátsuː]	ダイハツ
dan	[dæn]	[dan]	段

第4章　*The Oxford Dictionary of Pronunciation for Current English* にある日本語の発音

dojo	[dóʊdʒóʊ]	[dɔ́ʊdʒəʊ]	道場
Edo	[ídoʊ]	[ɛ́dəʊ]	江戸
	[ɛ́doʊ]		
fugu	[f(j)úgu]	[fúːguː]	ふぐ
Fuji	[fúdʒi]	[fúːdʒi]	富士
Fujitsu	[fudʒítsu]	[fuːdʒítsuː]	富士通
Fujiyama	[fùdʒijámə]	[fùːdʒɪjáːmə(r)]	富士山
futon	[f(j)útɑ̀n]	[f(j)úːtɒn]	布団
		[f(j)úːtɒn]	
gaijin	[gaɪdʒín]	[gʌ̀ɪdʒín]	外人
		[gʌ̀ɪdʒín]	
geisha	[géɪʃə]	[géɪʃə(r)]	芸者
	[gíʃə]		
geta	[gɛ́tɑ̀]	[géɪtə(r)]	下駄
gobang	[goʊbáŋ]	[gə̀ʊbáŋ]	碁盤
habutai	[hábətɑ̀ɪ]	[háːbʊtʌɪ]	羽二重
		[háːbətʌɪ]	
haiku	[háɪkù]	[hʌ́ɪkuː]	俳句
happi	[hǽpi]	[hápi]	はっぴ
happi-coat	[hǽpikòʊt]	[hápɪkəʊt]	はっぴ
hara-kiri	[hɛ̀rəkíri]	[hàrəkíri]	腹切り
	[hɛ̀rəkɛ́ri]		
hibachi	[həbátʃi]	[hɪbáːtʃi]	火鉢
		[həbáːtʃi]	
hiragana	[hìrəgánə]	[hìrəgáːnə(r)]	ひらがな
		[hìərəgáːnə(r)]	
Hirohito	[hìroʊhídoʊ]	[hìrəhíːtəʊ]	裕仁（昭和天皇）
	[híroʊhídoʊ]		
Hiroshima	[hìroʊʃímə]	[hɪróʃɪmə(r)]	広島

167

	[hɪróʊʃəmə]	[hɪróʃəmə(r)]	
		[hìrəʃíːmə(r)]	
Hokkaido	[hɑkɑ́ɪdròʊ]	[hɒkʌ́ɪdəʊ]	北海道
hokku	[hɔ́kù]	[hɒ́kuː]	発句
	[hɑ́kù]		
honcho	[hán(t)ʃoʊ]	[hɒ́ntʃəʊ]	班長
Honda	[hándə]	[hɒ́ndə(r)]	ホンダ
Honshu	[hánʃm]	[hɒ́nʃuː]	本州
ikebana	[íkəbɑ́nə]	[ìkɪbɑ́ːnə(r)]	生け花
		[ìkəbɑ́ːnə(r)]	
		[ìːkeɪbɑ́ːnə(r)]	
Ishiguro	[ìʃigúròʊ]	[ìʃɪgúərəʊ]	イシグロ（カズオ）
	[íʃigúròʊ]		（石黒一雄）
Ito	[ídòʊ]	[íːtəʊ]	伊藤（博文）
jinricksha	[dʒìnríkʃɔ]	[dʒɪnríkʃə(r)]	人力車
	[dʒìnríkʃɑ]	[dʒɪnríkʃɔː(r)]	
judo	[dʒúdoʊ]	[dʒúːdəʊ]	柔道
judoka	[dʒúdoʊkɑ̀]	[dʒúːdəʊkə(r)]	柔道家
	[dʒùdoʊkɑ́]		
jujitsu	[dʒùdʒítsu]	[dʒùːdʒítsuː]	柔術
jujutsu	[dʒùdʒítsu]	[dʒùːdʒʌ́tsuː]	柔術
juku	[dʒúku]	[dʒúkuː]	塾
kabuki	[kəbúki]	[kəbúːki]	歌舞伎
Kagoshima	[kágəʃímə]	[kágəʃíːmə(r)]	鹿児島
kaizen	[káɪzən]	[kʌ́ɪzen]	改善
kakemono	[kɑ̀kəmóʊnoʊ]	[kɑ̀ːkɪmóʊnəʊ]	掛け物
	[kæ̀kəmóʊnoʊ]	[kɑ̀ːkəmóʊnəʊ]	
kamikaze	[kɑ̀məkɑ́zi]	[kàmɪkɑ́ːzi]	神風
		[kàməkɑ́ːzi]	

168

第4章　*The Oxford Dictionary of Pronunciation for Current English* にある日本語の発音

kana	[kúnə]	[káːnə(r)]	かな
kanban	[kánbàn]	[kánban]	看板
kanji	[kándʒi]	[kándʒi]	漢字
Kano	[kánoʊ]	[káːnəʊ]	狩野
karaoke	[kèrióʊki]	[kàrɪə́ʊki]	カラオケ
		[kàrəə́ʊki]	
karate	[kərádi]	[kəráːti]	空手
katakana	[kàdəkánə]	[kàtəkáːnə(r)]	カタカナ
Kawasaki	[kàwəsáki]	[kàwəsáːki]	川崎
		[kùːwəsáːki]	
		[kàwəsáki]	
ken	[kɛ́n]	[kɛ́n]	県
kendo	[kéndoʊ]	[kéndəʊ]	剣道
kimono	[kəmóʊnoʊ]	[kɪmə́ʊnəʊ]	着物
	[kəmóʊnə]	[kəmə́ʊnəʊ]	
Kinki	[kíŋki]	[kíŋki]	近畿
Kirin	[kírɪn]	[kíərɪn]	麒麟
koan	[kóʊàn]	[kə́ʊan]	（禅宗の）公案
Kobe	[kóʊbi]	[kə́ʊbi]	神戸
		[kə́ʊbeɪ]	
koi	[kɔ́ɪ]	[kɔ́ɪ]	鯉
koto	[kóʊdoʊ]	[kə́ʊtəʊ]	琴
Kumamoto	[kùməmóʊdoʊ]	[kùːməmə́ʊtəʊ]	熊本
	[kúməmóʊdoʊ]		
Kurosawa	[kùrəsáwə]	[kùrəsáːwə(r)]	黒澤（明）
Kyoto	[ki(j)óʊdoʊ]	[kɪə́ʊtəʊ]	京都
	[ki(j)óʊtòʊ]		
Kyushu	[kijúʃu]	[kɪúːʃuː]	九州
		[kjúːʃuː]	

169

Matsui	[mætsúi]	[matsú:i]	松井（須磨子？）
matsuri	[mætsúri]	[matsú:ri]	祭り
Matsushita	[mætsóʃidə]	[màtsʊʃí:tə(r)]	松下
Matsuyama	[màtsəjámə]	[màtsʊjá:mə(r)]	松山
		[màtsəjá:mə(r)]	
Meiji Tenno	[meɪdʒi ténòʊ]	[mèɪdʒi ténəʊ]	明治天皇
	[meɪdʒi ténòʊ]		
mikado	[məkádoʊ]	[mɪká:dəʊ]	帝
		[məká:dəʊ]	
Mitsubishi	[mìtsʊbíʃi]	[mìtsʊbíʃi]	三菱
		[mìtsəbíʃi]	
mizuna	[məzúnə]	[mɪzú:nə(r)]	水菜
		[məzú:nə(r)]	
Nagasaki	[nùgəsáki]	[nàgəsá:ki]	長崎
Nagoya	[nəgɔ́ɪə]	[nəgɔ́ɪə(r)]	名古屋
Nara	[nárə]	[ná:rə(r)]	奈良
netsuke	[néts(ʊ)ki]	[néts(ʊ)ki]	根付け
ninja	[níndʒə]	[níndʒə(r)]	忍者
ninjutsu	[nɪndʒʌ́tsm]	[nɪndʒʌ́tsu:]	忍術
Nintendo	[nɪnténdoʊ]	[nɪnténdəʊ]	任天堂
Nippon	[nípɒn]	[nípɒn]	日本
Nipponese	[nípəníz]	[nìpəní:z]	日本人（の）
nisei	[niséɪ]	[ní:seɪ]	二世
Nissan	[nísàn]	[nísan]	日産
no, Noh	[nóʊ]	[nɔ́ʊ]	能
Noguchi	[noʊgútʃi]	[nɒgú:tʃi]	ノグチ（イサム）
		[nəgú:tʃi]	
nunchaku	[nəntʃáku]	[nʌntʃáku:]	ヌンチャク
obi	[óʊbi]	[ɔ́ʊbi]	帯

第4章　*The Oxford Dictionary of Pronunciation for Current English* にある日本語の発音

origami	[ɔ̀rəgámi]	[ɔ̀rɪgáːmi]	折り紙
		[ɔ̀rəgáːmi]	
Osaka	[oʊsákə]	[əʊsáːkə(r)]	大阪
Ozawa	[oʊzáwə]	[ɒzáːwə(r)]	小沢（征爾）
pachinko	[pətʃíŋkoʊ]	[pətʃíŋkəʊ]	パチンコ
raku	[rákù]	[ráːkuː]	楽焼
ramen	[rámɛ̀n]	[ráːmɛn]	ラーメン
romaji	[róʊmədʒi]	[rɔ́ʊmədʒi]	ローマ字
ronin	[róʊnən]	[rɔ́ʊnɪn]	浪人
ryokan	[rióʊkən]	[rɪɔ́ʊkən]	旅館
		[rɪɔ́ʊkan]	
ryu	[riú]	[rɪúː]	（何々）流
Sakai	[sákàɪ]	[sáːkʌɪ]	境
sake	[sáki]	[sáːki]	酒
		[sákeɪ]	
samisen	[sǽmɪsɛ̀n]	[sámɪsɛn]	三味線
samurai	[sǽməràɪ]	[sám(j)ʊrʌɪ]	侍
		[sám(j)ərʌɪ]	
Sanyo	[sǽnjoʊ]	[sánjəʊ]	三洋
Sapporo	[səpɔ́roʊ]	[səpɔ́ːrəʊ]	札幌
sashimi	[saʃími]	[sáʃɪmi]	刺身
satori	[sətɔ́ri]	[sətɔ́ːri]	悟り
satsuma	[sætsúmə]	[satsúːmə(r)]	薩摩焼き
	[sǽtsəmə]		
Sendai	[sɛ́ndàɪ]	[sɛ́ndʌɪ]	仙台
seppuku	[sépukù]	[sɛpúːkuː]	切腹
	[səpúkù]		
Shaka	[ʃákə]	[ʃáːkə(r)]	釈迦
	[ʃǽkə]		

171

shakuhachi	[ʃákuhátʃi]	[ʃàkuːháːtʃi]	尺八
		[ʃàkʊhátʃi]	
shiatsu	[ʃiátsù]	[ʃıɑ́ːtsuː]	指圧
		[ʃıátsuː]	
Shikoku	[ʃəkóʊkù]	[ʃíːkəʊkuː]	四国
	[ʃəkúkù]		
Shinto	[ʃín(t)oʊ]	[ʃíntəʊ]	神道
Shogun	[ʃóʊɡən]	[ʃə́ʊɡʌn]	将軍
		[ʃə́ʊɡ(ə)n]	
shogunate	[ʃóʊɡənət]	[ʃə́ʊɡəneɪt]	将軍職
	[ʃóʊɡənèɪt]	[ʃə́ʊɡneɪt]	
		[ʃə́ʊɡənət]	
		[ʃə́ʊɡṇət]	
shoyu	[ʃóʊju]	[ʃə́ʊjuː]	醤油
soto	[sóʊdoʊ]	[ʃə́ʊtəʊ]	曹洞宗
subaru	[súbərù]	[súːbaruː]	スバル
		[sʊbɑ́ːruː]	
		[səbɑ́ːruː]	
sukiyaki	[sʊkijɑ́ki]	[sùːkɪjɑ́ːki]	すき焼き
		[sòkɪjɑ́ːki]	
		[sùːkɪjáki]	
		[sòkɪjáki]	
Sumitomo	[sùmətóʊmoʊ]	[sùːmɪtə́ʊməʊ]	住友
sumo	[súmoʊ]	[súːməʊ]	相撲
sushi	[súʃi]	[súːʃi]	寿司
Suzuki	[səzúki]	[sʊzúːki]	鈴木
		[səzúːki]	
tanka	[táŋkə]	[táŋkə(r)]	短歌
		[tɑ́ːŋkə(r)]	

第 4 章　The Oxford Dictionary of Pronunciation for Current English にある日本語の発音

tatami	[tətámi]	[tətáːmi]	畳
		[tatáːmi]	
		[tɑːtáːmi]	
tempura	[tɛmpʊ́rə]	[tɛmpʊ́ərə(r)]	てんぷら
	[témpərə]	[témp(ə)rə(r)]	
tenno	[ténoʊ]	[ténəʊ]	天皇
teriyaki	[tèrijáki]	[tèrijáːki]	てりやき
		[tèrəjáːki]	
		[tèrɪjáki]	
		[tèrəjáki]	
tofu	[tòʊfú]	[tə́ʊfuː]	豆腐
Togo	[tóʊgoʊ]	[tə́ʊgəʊ]	東郷（茂徳）
Tojo	[tóʊdʒòʊ]	[tə́ʊdʒəʊ]	東条（英樹）
Tokugawa	[tòʊkʊgáwə]	[tə̀ʊkʊgáːwə(r)]	徳川
Tokyo	[tóʊkiòʊ]	[tə́ʊkɪəʊ]	東京
torii	[tɔ́riì]	[tɔ́ːriiː]	鳥居
tsunami	[(t)sunámi]	[(t)sʊnáːmi]	津波
Tsushima	[(t)sʊʃímə]	[(t)sʊʃíːmə(r)]	対馬
ukiyo-e	[ùkijoʊjéɪ]	[ùːkɪjəʊjéɪ]	浮世絵
Yagi antenna	[jági ənténə]	[jágɪ ənténə(r)]	八木アンテナ
yakuza	[jɑkúzə]	[jɑːkúːzə(r)]	やくざ
		[jəkúːzə(r)]	
Yamaha	[jáməhɑ̀]	[jáməhɑː(r)]	ヤマハ
Yamamoto	[jàməmóʊdoʊ]	[jàməmə́ʊtəʊ]	山本（五十六）
Yayoi	[jájɔ̀ɪ]	[jáːjɔɪ]	弥生
yen	[jɛn]	[jɛn]	円
yoga	[jóʊgə]	[jə́ʊgə(r)]	ヨガ
Yokohama	[jòʊkəhámə]	[jə̀ʊkəháːmə(r)]	横浜
yokozuna	[jòʊkəzúnə]	[jə̀ʊkəzúːnə(r)]	横綱

173

zaibatsu	[zaɪbátsu]	[zʌɪbátsu:]	財閥
zazen	[zɑzén]	[zɑ:zén]	座禅
Zen	[zɛn]	[zɛn]	禅
zori	[zóri]	[zɔ́:ri]	草履
		[zóri]	

あとがき

　研究者は、常に同じテーマで研究を続けることに耐えているのだろうか。私自身は、何をテーマに研究をしてきたかと問われると、具体的には返答できない。せいぜい、言語学、あるいは音韻論という漠然な答えしかできない。勝手気ままに、面白そうなテーマを取り上げてきたのである。しかも、2, 3年間も同じテーマで研究を続けると、もう飽きてしまって、別のテーマを探し続ける次第である。本書の外来語の研究もそうである。特に長年関心を持って取り組んできたテーマではなかった。学生が興味を持ち、卒業論文に良く取り上げるので、つられて私もここ数年間、英語と日本語からの借用語についての論文を書く羽目になった。そして、以前書いた外来語の論文を加えて一冊の本にしておけば、毎週の卒論指導が楽になると考えたのである。このようにして本書は大学生の指導を年頭に書かれたものであるので、私としては、本書が音声学、音韻論に関心のある読者の入門書として研究の一助となれば、この上ない幸せである。本書は当然ながら借用語に関する問題の一部に触れただけであり、外来語の意味については全く触れていない。発音の説明や分析については、従来の生成音韻論を用い、規則や妥当性を見出すことにつとめている。最近の最適性理論で分析を行なうと別の面が見られるのであろう。そのためのデータは充分提供しているつもりである。ことわっておくが、本書に掲載している借用語のデータはすべてを網羅したものではない。辞典にある借用語をもれなく拾い上げるのは、私自身の時間とエネルギーに限界がある状況では不可能であった。

　本書は、これまで『広島女学院大学英語英米文学研究』に掲載された5篇の論文に、加筆・修正・削除を行ない、一冊の本にまとめ上げたものである。加筆の部分は特に英語・日本語・借用語との関連性を追求し

たものである。

　本書のそれぞれの章の初出は、次の論文である。

第1章　「英語借用語に見られる子音重複」創刊号（1992）

第2章　「英語借用語の発音」第9号（2001）

第3章　「英語辞典にある日本語の発音（1）——『研究社新英和大辞典』より—」第10号（2002）

　　　　「英語辞典にある日本語の発音（2）——『研究社新英和大辞典』第5版と第6版の比較—」第11号（2003）

第4章　「英語辞典にある日本語の発音（3）—— *The Oxford Dictionary of Pronunciation for Current English* より——」第12号（2004）

　本書の出版に際しては、渓水社の木村逸司社長に貴重なご助言をいただき、無事刊行に至ったことに心から感謝の意を表したい。また、広島女学院大学から2004年度学術図書出版助成の交付を受けたことを記し、衷心より感謝の念を表わすものである。

2005年1月

小　林　泰　秀

使用辞典

『ジーニアス英和大辞典』大修館書店（2001）
『研究社新英和大辞典』第5版（2000）
『研究社新英和大辞典』第6版（2002）
『コンサイスカタカナ語辞典』第2版、三省堂（2002）
Longman Dictionary of Contemporary English（1993）
Longman Pronunciation Dictionary, New Edition（2000）
『日本語発音アクセント辞典』日本放送出版協会（1995）
『新明解日本語アクセント辞典』三省堂（2001）
Random House Webster's Unabridged Electronic Dictionary（1996）
Oxford Dictionary of Pronunciation for Current English（2001）
The Oxford English Dictionary, Second Edition, CD, ver 3（2002）
Webster's Third New International Dictionary（1993）

参考文献

Broselow, E.（1995）Skeletal Positions and Moras. *The Handbook of Phonological Theory*, ed. by J. A. Goldsmith, 175-205. Blackwell.

Chomsky, N. and M. Halle（1968）*The Sound Pattern of English*. Harper & Row.

Hayes, B.（1984）The Phonology of Rhythm in English. *Linguistic Inquiry* 15, 33-74.

Hayes, B.（1989）Compensatory Lengthening in Moraic Phonology. *Linguistic Inquiry*, 20, 2. 253-306.

Hughes, A. and P. Trudgill（1979）*English Accents and Dialects: An Introduction to Social and Regional Varieties of British English*. Edward Arnold.

城生伯太郎（1998）『日本語音声科学』株式会社バンダイ・ミュージックエンタテインメント

郡司利男（1986）『英語逆引辞典』開文社出版

Kager, R. (1999) *Optimality Theory (Cambridge Textbooks in Linguistics)*, Cambridge University Press.

Kahn, D. (1976) *Syllable-Based Generalizations in English Phonology*. Doctoral dissertation, MIT.

Kiparsky, P. (1979) Metrical Structure Assignment is Cyclic. *Linguistic Inquiry* 10, 421-41.

小林泰秀（1996）『英語強勢論』京都修学社．

小林泰秀（2001）「英語の音節構造は両音節性か再音節性か」『広島女学院大学大学院言語文化論叢』第4号、1-28.

小林泰秀 （2004）「英語Rの発音と発音記号」『広島女学院大学大学院言語文化論叢』第7号、1-27.

窪薗晴夫（1995）『語形成と音韻構造』くろしお出版．

窪薗晴夫（1999）『日本語の音声』（現代言語学入門2）岩波書店．

Ladefoged, P. (1975) *A Course in Phonetics*. Harcourt Brace Javanovich, Inc.

Liberman, M. and A. Prince (1977) On Stress and Linguistic Rhythm. *Linguistic Inquiry* 8, 249-336.

大槻文彦 （1935-37）『大言海』冨山房

Prince, S. A. (1984) Phonology with Tiers. In *Language Sound Structure*, ed. M. Aronoff and R. Oehrle. MIT. 234-244. Also in *Phonological Theory: The Essential Readings*, ed. John A. Goldsmith. Blackwell. 1999. 303-312.

Selkirk, E. O. (1982) The Syllable. *The Structure of Phonological Representations(Part II)*, ed. H. v. d. Hulst and N. Smith, 337-83. Foris.

新村出　編　（1998）『広辞苑』第5版、岩波書店

吉沢典男・石綿敏雄　（1990）『外来語の語源』角川書店

索　引

<あ行>
ＩＰＡ　138
r音色　137
アクセント　46, 98, 110, 142
　　外来語の——　46, 47, 48, 49
　　——核　55, 56
　　——シフト　63, 64, 67
　　——付与　81, 141
音節　2, 76, 77
　　軽——　54, 77
　　重——　55, 77, 82, 84, 86
　　超重——　53
　　開——　111, 113, 153
　　閉——　111, 114, 153
音節区分　76, 77, 79, 153, 161
音節化
　　2——　107
　　両——　108, 109
　　再——　109, 155
音素化　137

<か行>
核音　110
嵌入のr　150, 151
簡略表記　137
強勢　82
　　——付与規則　82
　　交替——規則　82, 83
　　主——規則　82, 92, 145
　　第2——付与規則　85, 93, 146,
　　　　　　　　　　148

共鳴音　19, 137
共鳴性　5, 57
硬口蓋音　31
硬口蓋歯茎音　2
硬口蓋歯茎摩擦音　21
硬口蓋母音　31
硬口蓋摩擦音　21, 22
硬口蓋破擦音　31, 32
拘束形態素　12
高前舌母音　140
高母音　3, 56, 57

<さ行>
子音
　　——共鳴音　13
　　——重複　3, 4
　　——挿入　5
　　——連結　4
重複——　55
歯茎硬口蓋音　2
歯茎硬口蓋摩擦音　21
歯茎硬口蓋破擦音　2
歯茎破擦音　2
歯茎破裂音　32
自由形態素　12, 13
書記素　17
唇歯摩擦音　23
成節化　137
声門閉鎖音　5, 137
阻害音　5, 8
阻害性　5

促音　1, 5, 54
　　——化　1, 10

＜た行＞
/t/脱落　137
対応
　　音声への——　38
　　スペリングへの——　43
　　母音への——　38
高め低後舌母音　138
高め中中舌母音　140
短音化　113
短縮語　71, 72
低後舌円唇母音　139
低中舌母音　138
頭子音　6, 7, 13, 107, 108, 109
中中舌母音　138
中前舌母音　113
弾音　106

＜な行＞
軟口蓋音　12

＜は行＞
破擦音　2, 8
撥音　51, 52, 53
破裂音　2, 8
非円唇低後舌母音　138
低め中後舌母音　138
尾子音　7, 13, 109
鼻母音　137
複合語　65, 66, 68
閉鎖音　5, 8, 56
閉鎖音挿入規則　8, 11, 14, 16
母音
　　短——　5, 113

長——　47, 50, 55, 56, 111, 156
二重——　44, 47, 50, 55, 114, 156
英音の——　139
米音の——　138
緊張——　140, 153, 154
弛緩——　105, 112, 140, 153, 154
——の円唇性　136
母音挿入　5, 30, 33
母音の無声化　53, 54, 55, 56
母音の非無声化　58

＜ま行＞
摩擦音　2, 8, 19, 60, 61, 62
摩擦音挿入規則　19, 21, 23
無声破裂音　8
モーラ　36, 47, 48, 107
モーラ音節論　107, 109

＜や行＞
有声化　137
有声破裂音　9
拗音　54, 108
容認発音　5, 135

＜ら行＞
リズム規則　96
両唇　35
両唇摩擦音　27

<著者紹介>

小林泰秀（こばやし　やすひで）

1939年　青森県弘前市生まれ
1971年　米国オハイオ州立大学大学院修士課程修了（言語学専攻）
現　在：広島女学院大学文学部教授
著　書：『英語強勢論』（京都修学社、1996）、『英語学の道しるべ』（共著、英潮社、2000）など。
論　文：「弘前方言の音調メロディー」『言語研究』87（1985）、「黒人英語の成立と構造」『広島女学院大学論集』44（1994）、「英語の軟口蓋鼻音は音素か」『広島女学院大学大学院言語文化論叢』3（2000）など。

日英外来語の発音

2005年2月1日　発行

著　者　小林　泰秀
発行所　㈱溪水社
　　　　広島市中区小町1-4（〒730-0041）
　　　　電話（082）246-7909／FAX（082）246-7876
　　　　E-mail：info@keisui.co.jp

ISBN4-87440-850-8　C3082